U0111599

大展好書　好書大展
品嘗好書　冠群可期

大展好書　好書大展
品嘗好書・冠群可期

序　言

　　武術，是中國的傳統體育項目之一，它涉及哲學、生理學、生物力學、心理學等學科領域，表現在攻防的哲理性、搏擊的力量性、強身的科學性等方面，都有著豐富的思想內涵和科學內涵。它以中國古典哲學的「一陰一陽之謂道」為理論基礎，以「剛健主動」、「柔順主靜」以及「中庸」等哲理為支架，構成了虛與實、剛與柔、攻與守、進與退；收與放、開與合、輕與重等等一系列極為豐富的技擊方法。

　　當今，人們的生活水平不斷提高，不少人在尋求一種身心兼修的運動，武術越來越受到人們的歡迎，但許許多多的愛好者苦於沒有自學、自練的指導書。為適應這一需要，我們編寫了這本《武術初學指南》，以求解決愛好者的無師自修問題。

　　本書是從實際出發，根據自學需要，在總結傳統功方法的基礎上，結合我們的練習體會，整理編寫而成的。內容包括武術的形成與發展、內容與分類、作用與比賽形式及方法，常用術語，自學武術的幾個要素，武術基本功、基本動作練習，以及長拳、劍術和太極拳練習等等。在介紹技術動作時，特地對每一動作的基本攻防含義作了解釋，使學者不僅學其形，而且知其意，收到實用的效果。在基本功、基本動作練習等部分，我們詳細介紹了動作的做法、要點、練習方法、易犯錯誤和糾正方法。長拳、太

極拳、劍術的基礎套路練習，內容是選自國家體委編寫的初級長拳第三路、簡化太極拳和初級劍術，但我們對套路中的每一個動作都增加了基本攻防含義的介紹。

我們希望此書的出版能對武術愛好者的自學自練有所幫助。如果它能使你身靈手便，筋骨強壯，精力充沛的話，那就是我們的最大榮幸。我們懇切地希望讀者能提出批評或建設性的意見，以利我們逐步修改和完善。

目　　錄

第一章　概　述

第一節　武術的形成與發展

中國武術，源遠流長。它的形成與發展，與生產、勞動、兵器、戰爭和技擊較量、健身強體、友好交往等等，有密切關係。早在遠古時代，「人民少而禽獸衆」，人們爲了維持生存，隨時都要防禦兇禽猛獸的襲擊，同時也要捕殺動物爲食爲衣。艱難的生活，迫使人們要不斷地改善自己體力和智力，進行一些拳打、腳踢、閃躲、摔跌，以及要設法用石器、棍棒等擊中野獸等活動，而這些活動，即孕育著武術的萌芽。

商周時代，劇烈的軍事鬥爭，不僅促使武器由簡到繁，向多樣化發展，而且促進了攻防格鬥技術的提高和發展。同時，由於分工的出現，開始有了專門的教育。武術也開始成爲人們有目的、有意識、有組織的社會活動，並列入教育的必要內容。

春秋戰國時期，隨著生產力的發展，鐵器登上歷史舞台，作戰方式及武器也隨之改變，即長兵縮短，短兵延長，以及弩的使用，使武術的內容、方法更加豐富多彩了。而且，每年春秋兩季，武藝高強的人都要雲集一起進行交流較量，《管子・七法》記述了這樣的情景：「春秋角試……收天下之豪傑，有天下之駿雄。」由於武術在民間廣泛流傳，使武術得到了提高和發展，同

時，也湧現出了不少技藝高超的武術家，如越女、袁公等。

在長期的社會發展中，武術也隨著生活實踐而不斷發展，它已不像早先那樣僅僅是滿足人們的生活需要，而是逐漸成爲人們文化生活享受的一種需要，成了人類文化的一個組成部分。

新中國成立之後，武術這一古老的文化藝術，好比枯枝發芽，取得了歷史上前所未有的繁榮發展。

1953年在天津舉行了建國以來的第一次全國性的民族體育表演及競賽，武術被列爲主要表演項目之一。1957年，國家體委組織了部分武術家，在繼承傳統的基礎上，兼收並蓄取衆家之長，整編出了簡化太極拳，初級、乙組、甲組的長拳和刀、槍、劍、棍等二十多種拳術和器械套路，又制定了《武術競賽規則》，使武術比賽在遵循百花齊放方針的同時，逐步向規範化方向發展，以嶄新的姿態被列爲全國運動會的比賽項目。

如今，武術是各級學校體育教學的內容之一。體育院系還開設了武術專業，許多大專院校還成立了武術協會和各種武術研究會，進一步促進了武術的科學化。1985年，國家體委成立的武術研究院，是我國研究武術的最高學術研究機構，同時，也是與國外武術界進行學術、技術交流的團體。全國相繼成立了武術協會，此外還有武術社、武術館、輔導站、研究會、業餘體校和武術班等組織形式，形成了一個廣泛的群衆性武術活動網。

武術作爲中華民族傳統文化，不僅在國內深受廣大群衆的喜愛，在國外也深受歡迎。早在二十世紀三十年代，武術就在世界體壇興盛一時，中國武術隊參加了在柏林舉行的第十一屆奧林匹克運動會，博得了國外友人的好評。而今，在新的歷史條件下，中國武術從它的發源地，經過亞洲，傳播到全世界。

在亞洲，東南亞許多華僑和港澳同胞把發展武術看作是炎黃

子孫對中華民族文化的繼承和發展。「武術熱」之風不僅在港澳很盛，而且在泰國、新加坡、菲律賓、馬來西亞、日本等國也很普遍，並紛紛成立了各種武術組織。日本近年來每年都舉行全日本武術比賽，還成立了武道大學（學院），把武術列為主要科目。1987 年 9 月，在日本橫濱舉行了第一屆亞洲武術錦標賽，同時，亞洲武術聯合會應運而生。亞洲地區的武術活動更加活躍，亞洲各國和地區之間的武術交往逐年增加，水平普遍提高。

隨著貿易和文化交往的不斷發展，武術在美國、加拿大、墨西哥、秘魯和澳大利亞等國，都有了可喜發展。1986 – 1989 年間，成立了歐洲武術聯盟，並舉行了三屆歐洲武術錦標賽。

近年來，非洲也有人在積極從事中國武術的訓練和組織工作，還有不少人迫切需要學到真正的中國武術。現在，非洲的剛果、加蓬等地，武術活動也很活躍。

武術，已經打破了膚色、人種、語言、習慣的障礙，在許多國家和地區流傳，並且越來越廣泛。

第二節　武術的內容與分類

武術的內容浩繁，流派眾多。通過近幾年國家體委在全國範圍內進行的普查、挖掘和整理表明，源流有序、拳理分明、風格獨特、自成體系的拳種有 120 多個。過去，武術的分類有多種，以名山、大川為界的分為少林派、武當派、峨眉派、南派、北派；以拳種的風格特點劃分的分為內家、外家；也有按姓氏劃分的。現按技術內容和風格特點分為拳術、器械、對練、集體演練和對抗項目五大類。此外，還有基本功練習形式。武術中拳術的種類最多，例如：

有以屈伸、回環、平衡、跳躍、翻騰和跌撲等動作組成的姿勢舒展、動作靈活、快速有力、節奏明顯的長拳。

有以掤、捋、擠、按等技法組成的，柔和輕靈、呼吸沉靜、動作綿綿不斷似行雲流水的太極拳。

有步穩勢烈，身居中央、八面進退，動作緊湊、剛勁突出，以氣催力，適時發聲，以助氣勢的南拳。

有以三體式的姿勢，以劈、崩、鑽、炮、橫五拳為基本拳法，以龍、虎、猴、馬、鷄、燕、熊、鼉、蛇、鼍、鷹、鮐十二種動物的動作與形象而組成的，動作簡練、快速整齊、節奏分明、手腳合順、發力沉著、樸實明快、完整飽滿的形意拳。

有以摔、拍、穿、劈、鑽等基本掌法為主要內容，通過圈、攬、勾、截、削、摩、撥、搧八法組成的，出手為掌，點手成拳，動作大開大合，甩膀抖腕，放長擊遠，發力冷彈脆快，起自腰背貫通肩臂的通背拳。

有樸實無華，剛健有力，出拳屈而不屈、直而不直，虛實相兼，身法橫起順落，步法進低退高，輕靈穩固，手起勁發，手到勁至的少林拳。

此外，還有劈挂拳、翻子拳、戳腳、地躺拳、華拳、炮拳、象形拳等不同風格的拳種。每個拳種有若干個拳系，每個拳系中又有若干套路。

器械，過去有十八般兵器之說，現在一般按特點分為刀、劍、匕首等短器械，槍、棍、大刀等長器械，雙刀、雙鈎、雙槍、雙劍等器械，以及九節鞭、三節棍、流星錘、繩鏢等軟器械。

對練，是兩人或兩人以上按照固定動作進行攻防格鬥的套路練習。一般有徒手對練，器械對練和徒手與器械的對練。

集體演練，是六人以上徒手或持器械進行的集體表演。如集體拳、集體劍、集體鞭、集體槍、集體棍等形式，可以編排圖案和用音樂伴奏，要求隊形整齊，動作劃一。

對抗項目，是兩人按照一定的規則進行的，具有實戰意義的搏鬥形式的運動。

第三節　武術的作用

一、內外兼修、增加體質

武術歷來是「武」、「健」並重的，與其它運動相比，對人體各個肌肉群的相應運動中樞之間的協調關係要求很高，而鍛鍊方法也有所不同，注重「內」與「外」的整體修練。所謂內，即心、神、意、氣等內在的心志活動。所謂外，即手、眼、身法、步等外在的形體活動。運動中，其形體必須是中正安舒，左顧右盼，支撐八面。其心志必須是排除雜念，達到心動形隨，意發神傳，手與足合，肘與膝合，肩與胯合，心與意合，意與氣合，氣與力合；手到，眼到，身到，步到，一動無有不動，一靜無有不靜，周身上下無處不合，無處不動，渾然一體。這種練功法，對外能利關節、強筋骨、壯體魄，對內能理臟腑、通經脈、調精神，使身心得到全面的鍛鍊。

二、具有廣泛的適應性

武術內容豐富多彩，如前所述，有不同風格特點的長拳、太極拳，還有十八般兵器，這些拳術和器械套路的動作結構、技術要求、運動風格和運動量都有所不同，因此，不同年齡、體質和不同愛好的人，都可以選擇適合自己的項目進行鍛鍊。另外，它

不受時間、季節、場地、器材的限制，易於普及和推廣，這就使武術運動具有廣泛的適應性。

三、具有陶冶情操的作用

武術不僅有健身和技擊價值，而且富於濃郁的藝術色彩。表現在運動中攻與防、虛與實、剛與柔、開與合、快與慢、動與靜、起與伏等交替變化形成的強烈的動感、均衡的勢態、恰當的節奏、和諧的韻律，使人百看不厭。就單個動作而言，講究上、中、下三盤錯落，高有鷹擊長空的氣概，低有魚翔淺底的雅趣，如「大躍步前穿」，忽地凌躍而起，忽地又伏身而下，似長風出谷，若燕子抄水，妙不可言。其套路運動變化，講究動之如濤、靜之如岳、起之如猿、輕之如葉、重之如鐵、緩之如鷹、快之如風等充滿著矯健、敏捷、灑脫、舒展而遒勁的美，使人的情感在演練中受到陶冶，提高自身的修養和審美能力。

四、能鍛鍊防身自衛能力

攻防的技擊性是武術運動的主要特點。現代套路運動的表現形式，仍以體現攻防實戰方法的動作爲基本內容。如：各種手法、腿法、摔法、跌撲滾翻等動作，每一個動作都暗含著不同的用意。因此，通過練習，不僅能強壯身心，還能鍛鍊防身自衛的能力。

第四節　武術的比賽形式及方法

武術比賽從目前發展的形式來看有三種：

第一種是百花齊放，內容形式不限的觀摩交流表演。表演的

內容各具風姿，有民間流行的傳統拳械，也有具有地方特色的各種套路。表演分老年組（60 歲以上）、成年組（18 歲以上）和少年組（12－17 歲）。由國家體委聘請武術行家組成大會評判委員會，評選優秀表演獎勵，對評選出來的優秀運動員，按組別分別給予獎勵。

第二種是按規則要求進行的比賽。分個人賽和團體賽。比賽在長 14 公尺、寬 8 公尺的地毯上進行。場上設有裁判長、記錄員、記分員，5 名裁判員。採用 10 分制評分法，裁判員分別從場地不同角度進行評分。參加比賽的項目有①自選拳術（長拳、太極拳、南拳），②短器械（刀、劍），③長器械（槍、棍），④傳統拳術，⑤對練。每個運動員只能參加一個組別 5 個項目的比賽，套路內容必須包括規則中規定的動作組別，如手型、手法、步型、步法、腿法、跳法、跳躍等。單練套路時間不得少於 1 分20 秒，太極拳不得少於 5 分 30 秒，對練不得少於 40 秒等。

評分標準包括動作規格分、勁力協調分以及風格、布局、節奏分。凡動作不符合規格，每出現一次扣 0.1－0.3 分。凡勁力不足，力點不準確，手眼身法步或身械不協調，根據輕重扣 0.1－0.2 分。套路動作組別不符規定，每少一組扣 0.3 分。評分時，裁判長鳴哨，五個裁判同時顯分，去掉最高分和最低分，取中間三個分數的平均值為運動員的最後得分。

比賽錄取各項男、女前 6 名，得分高者名次列前，如某項得分相等，則看全能總分，高者列前。個人全能，按各項成績之和計算，總分高者列前。團體名次，是按各隊男、女前 5 名全能成績的總和計算，總分高者列前。

第三種是對抗性比賽。

散打，是以各個流派的攻防動作為素材而進行的實戰性對抗

比賽。比賽在直徑爲 9 公尺的地毯或鋪有帆布單的軟墊上進行。運動員按體重進行分級比賽，最輕級是 48 公斤以下，最重級是 81 公斤以上，每級級差爲 5 公斤。比賽常採用淘汰或半淘汰賽，最後循環決賽。每場比賽爲三局，每局淨打 2 分鐘，局間休息 1 分鐘。運動員得分是：運用兩個方法同時連擊對方有效部位、將對方摔倒、打出界或打倒在地而自己站在界內得 2 分；一次明顯擊中、雙方互摔中後倒地者得 1 分；如應用方法獨特（如地躺等）、技術熟練、擊中對方效果明顯，得 2 分。三局累計分多者爲勝方。如得分相等，則按場上受警告、勸告次數少、體重輕者爲勝方。

太極拳推手，是兩人沾連粘隨，運用掤、捋、擠、按、採、挒、肘、靠等方法進行對抗的比賽。比賽在長 10 公尺、寬 8 公尺的地板上或土地上進行，場內畫有大、中、小三個同心圓。比賽分個人賽和團體賽，年齡要求在 18－60 歲，也按體重分級進行，最輕級爲 55 公斤，最重級爲 90 公斤，每級級差 5 公斤。雙方運動員搭手並以同側腳踩於中心線上，當場上裁判員發出「開始」信號後，雙方以「掤、捋、擠、按」向左、右各打圓兩圈後，才可伺機進攻對方。凡一方後足踩線或越過中心線，即判對方得 1 分；雙足踩上第一圈或單足踏上第二圈，判對方得 2 分；踩第三圈線者，對方得 3 分；正確運用抖彈技術將對方一足或雙足抖出者，在第一圈內得 3 分，每出一圈另加出圈分；被推倒在地者，對方得 3 分。比賽中如一方運動員累計分數超過對方 15 分時，爲絕對勝者。如出現硬拉、硬拖、摟抱、脫手撞擊等動作，均不得分，並給予警告或嚴重警告的處罰。

名次的確定是根據運動員的得分，多者爲勝。團體名次是按各隊運動員在各級比賽中被錄取名次的得分的總和確定。

第二章　常用術語

術語，即某門學科中的專門用語。武術術語也就是武術運動的專門用語。無論你學習哪一門學科，都需先了解並熟悉該學科的術語，不然就會給你的學習帶來困難。武術內容豐富，流派繁多，術語的範圍也十分廣泛，幾乎每一招勢都有專門用語，術語之多可以獨立成書。由於本書的篇幅所限，這裡僅介紹一些基本的常用術語，以便學者能較快地掌握武術的基本內容。

一、拳

五指捲攏，握緊爲拳。它可分爲封眼拳、方拳和頂心拳等。(圖二1)

拳心：手心的一面稱爲拳心。(參見圖二1)

拳背：手背的一面稱爲拳背。(參見圖二1)

拳面：食指、中指、無名指和小指第一節指骨相併形成的平面稱爲拳面。(參見圖二1)

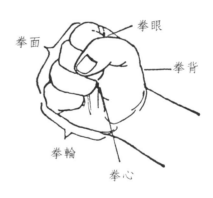

二1

拳眼：拇指根部與食指相疊而成的螺旋形圓窩稱爲拳眼。(參見圖二1)

拳輪：小指一側的螺旋圓窩稱爲拳輪。(參見圖二1)

㈠、封眼拳

食指、中指、無名指和小
指的第二、三節指骨向手心捲
屈，拇指扣壓在拳眼上，稱封
眼拳。（圖二 2）

二2

㈡、方拳

五指先拼攏伸直，然後將食指、中指、無名指和小指的第
二、三節指骨向內彎曲，再將第一節指骨向內彎曲，最後，拇指
扣壓在食指和中指的第二指骨上。（參見圖二 1）

㈢、頂心拳

拇指捲屈，其他四指扣壓
在拇指上。（圖二 3）

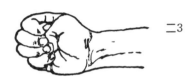

二3

二、掌

五指伸直稱為掌。
（圖二 4）

掌背：手背的一面稱
為掌背。（參見圖二 4）

掌心：手心的一面稱
為掌心。（參見圖二 4）

掌指：手指的前端稱
為掌指。（參見圖二 4）

掌外沿：小指的一側
稱為掌外沿。（參見圖二 4）

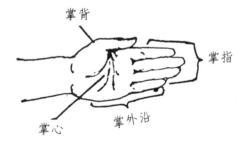

二4

㈠、荷葉掌

五指伸直併攏稱為荷葉掌。（參見圖二 4）

㈡、八字掌

五指伸直，拇指展開而其餘四指併攏稱爲八字掌。(圖二 5)

㈢、柳葉掌

拇指彎曲而其餘四指伸直併攏稱爲柳葉掌。(圖二 6)

㈣、瓦棱掌

拇指彎曲而其餘四指併攏，手心內凹，稱爲瓦棱掌。(圖二 7)

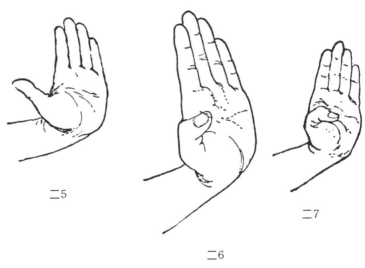

二5

二7

二6

三、勾

五指撮在一起，腕關節彎曲稱爲勾。(圖二 8)

勾尖：五指撮在一起的端頭稱爲勾尖。(參見圖二 8)

勾頂：腕關節彎曲凸起處稱爲勾頂。(參見圖二 8)

四、劍指

劍術練習及應用時，不持劍的手，食指、中指併攏伸直，其餘三指屈於掌心，拇指壓在無名指和小指的第一指骨上稱爲劍指

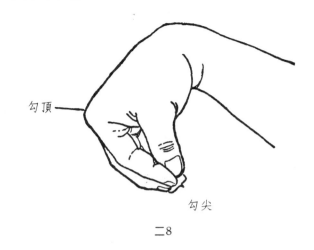

勾頂

勾尖

二8

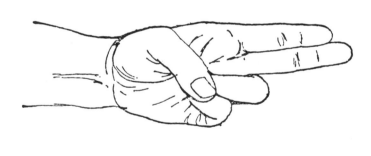

二9

或劍訣。(圖二 9)

五、手型

運用各種手法時手部所表現出來的形狀。如：拳、掌、勾等均屬手型範疇。

六、手法

運用手、腕進行各種進攻和防守的技擊方法。比如：掌法（推掌、撩掌等）、拳法（衝拳、掄拳等）等均屬手法範疇。

七、拳法

用拳進行政防格鬥的技擊方法。如：衝拳、撩拳、劈拳、崩拳、貫拳等均屬拳法範疇。

八、掌法

用掌進行攻防格鬥的技擊方法。如：推掌、撩掌、砍掌、穿掌、插掌等均屬掌法範疇。

九、肘法

運用肘部進行各種攻防格鬥的技擊方法。如：盤肘、壓肘、頂肘等均屬肘法範疇。

十、步型

運用各種步法時腿部（下肢）所表現的形狀。如：弓步、馬步、虛步、歇步等均屬步型範疇。

十一、步法

運用攻防格鬥技術時，兩腳移動的方法。如：擊步、上步、躍步等均屬步法範疇。

十二、身法

武術運動中，表現軀體（主要指腰部）變化的方法。

如：俯、仰、吞、吐、開、合、轉、折、閃、展等均屬身法範疇。

十三、眼法

表現眼睛變化的方法。如：注視、隨視、左顧、右盼等均屬眼法範疇。

十四、肩臂功

指肩臂的活動能力及其程度。是基本功練習的重要內容之一。主要方法有壓肩、吊肩、俯臥撐等。

十五、腰功

指腰部的活動能力及其程度。是基本功練習的重要內容之一。主要方法有俯腰、甩腰、涮腰、翻腰等。

十六、腿功

指腿部的活動能力及程度。是基本功練習的重要內容之一。主要方法有壓腿、扳腿、踢腿、站樁等。

十七、三節

即梢節、中節和根節。以上肢來說，手為梢節，肘為中節，肩為根節。以下肢來說，腳為梢節，膝為中節，胯為根節。運動時需梢節起，中節隨，根節追，使動作勁力順達，完整一氣。

十八、三尖相對

指拳術和器械的大部分定勢動作，都要前手指尖或器械尖，上對鼻尖，下對足尖，稱作三尖相對。運動中符合三尖相對的動作，不僅姿勢緊湊完整，氣勢飽滿，而且動作特點突出。

十九、外三合

肩與胯合，肘與膝合，手與足合，合稱外三合。

二十、內三合

心與意合，意與氣合，氣與力合，合稱內三合。

二十一、六合

一指人體的手、肘、肩、腳、膝、胯六個部位的協調統一。二指「內三合」和「外三合」的合稱。

二十二、沉肩

指肩部向下鬆沉。

二十三、墜肘

指肘部向下沉墜。

二十四、坐腕

運動時，腕部隨著身法和肩肘而沉著下塌，使手臂貫注勁力，稱爲坐腕或塌腕。

二十五、起勢

套路運動中從預備到開始運動的第一個動作，稱爲起勢。

二十六、收勢

套路運動的最後一個動作，稱爲收勢。

二十七、套路

由一定數量的單個動作，按照一定的順序連結起來，前有起勢後有收勢，形成一個完整的練習過程。稱爲套路。

第三章　自學武術的幾個要素

　　武術，內容非常豐富，自學時從哪裡著手，這是自學者最關心的問題。可以說雖然武術的流派繁多，拳種不少，而且風格各異，但不外乎拳術、器械、對練和散打。傳統的習武規律，一般遵循拳術──→器械──→對練──→散打的練習順序。隨著社會的發展和技術的分化，現在的套路訓練和散打訓練已逐步形成了各自的訓練體繫，但二者仍有著內在的聯繫。作為自修，你面臨一本不會說話的「死」教材，如何將其內容變成你的活技能？應重視下述幾個問題。

一、要看懂圖解

　　能否看懂圖解對自學武術至關重要，掌握武術圖解知識，就如同使用《字典》必須掌握其查閱方法一樣，可以說它是打開自學武術大門的鑰匙。

　　所謂圖解，是圖和文字說明的合稱。圖反映動作的位置、方向以及路線的起止點，給以直觀的感覺。文字說明是講解肢體動作要領和先後順序。二者統一構成圖解的全部內容。

　　㈠符號：武術動作多樣，動作過程也較複雜，因而書刊中圖解的路線、符號也較多。一般用虛、實線來表示。現在大部分書刊是用虛線表示左肢的動作，用實線表示右肢和腰部的動作。有

的書刊用虛線表示左上肢和右下肢的動作，用實線表示右上肢和左下肢的動作；有的上肢用虛線，下肢用實線，或者反之。對此，看看圖例或者第一個插圖出現時的說明就清楚了。不過雖然動態線的表示方法不同，其目的卻是一致的，都是表示這一動作到下一動作的運行路線。箭尾表示下一動作的起點，箭頭表示下一動作的止點。

1.弧線用 ⌒ 、 ⌒ ，表示動作運行過程。

2.環行線用 ⟲ 、 ⟲ ，表示動作走立圓或平圓。

3.交叉線用 ✕ 、 ✕ ，表示動作的內外或交叉。

4.起跳線用 ⌒⌒ 、 ⌒ ，表示下肢的跳步、墊步等。

5.螺旋線用 ℓℓℓ 、 ℓℓℓ ，多用於器械套路中，表示邊絞邊進或邊絞邊退的連續動作。如絞槍、絞劍等。

有些動作虛、實線受身體位置的影響，常用附圖（如正面、側面等）來作補充說明。

㈡**運動方向**：圖的運動方向是以圖中人的身體和該動作所處的位置為基準，並隨身體姿勢和所處位置的變化而變化。因此，圖中人的身前為前，身後為後，左側為左，右側為右。但也有的書刊是以圖中人面南、背北、左東、右西的固定方向為基準，如圖三1所示。對此，要注意查看圖例和第一個插圖出現時的說明。

㈢**文字說明**：文字說明的方法較多，但常見的是按動作的先後順序敘述。上下肢同時進行的動作，一般是從下到上、從左到

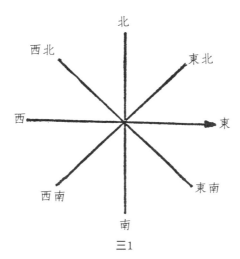

圖1

右來叙述。最後寫目視方向。

　　㈣要領提示：圖的路線、方向及文字說明，一般只反映出動作的大概輪廓和外貌，不能體現動作的用力順序、發力特點、動作的關鍵，以及練習中應注意的問題。加上要領、提示，便可使練習者對動作的理解更加準確、深刻，起到畫龍點睛的作用。

　　把上述四個方面有機地結合起來，才能較準確地掌握整個套路的內外情況，並能在學完後基本保持該套路的風格和特點。

二、要重視基本功訓練

　　根深則葉茂，基固則樓高。基本功扎實與否，直接關係到將來技術水平的提高程度。

　　武術的基本功，是人們從事武術運動所表現出來的基本活動能力，是力量、速度、柔靭、耐力、靈敏等身體素質的綜合反映。對於這種基本能力的培養，通常稱之爲基本功訓練或基礎訓練。構成基礎訓練的內容包括肩、臂、腰、腿等部位的練習，以

及武術項目特有的手型、手法、步型、步法、身型、身法、跳躍、平衡、跌撲、滾翻等練習。扎實的基本功須通過長期訓練才能獲得，並要求在練習過程中做到「認眞、嚴格、一貫」。認眞，就是要注意力集中，思想不分散；嚴格，就是要嚴格按照動作的規格、要求，一絲不苟地進行練習；一貫，就是要保持訓練的延續性，不能時練時停。只有這樣，才能獲得扎實的基本功，爲技術的進一步提高打下良好的基礎。

三、要搞清動作的規格和要求

沒有規矩，不能成方圓。沒有動作的規格，就不可能練好武術。

初學者，首先要注意姿勢正確、動件協調，即要掌握正確的動作規格和要求，不可急於求成。如果還未掌握動作規格、要求和要領就追求快速，盲目用力，一旦形成錯誤動作，以後想糾正就很困難了，拳諺稱之爲「學拳容易改拳難」。比如，學一個向前的平衝拳動作，應先弄清頭正、身直、沉肩、豎項等身體各部位的要求和動作路線，並掌握轉腰順肩，以腰的轉動帶動兩拳運動，在放鬆的基礎上反覆練習，待動作熟練後，再加速用力，動作就正確了。反之，如果一開始就想快，則往往容易造成動作僵硬，勁力不順等毛病。由於動作不協調，身體該放鬆的肌肉不能放鬆，該緊張的不緊張，儘管主觀上想快，而事實上卻快不起來。再如，學習弓步衝拳。須在了解衝拳的規格和要求的基礎上，掌握弓步前腿弓、膝與腳尖垂直、大腿成水平或接近水平、後腿蹬直、腳尖內扣的動作規格；進而注意掌握蹬地、合胯、轉腰、順肩，使勁力順達拳面的動作過程。

總之，抓住了動作規格，等於抓住了習武的關鍵環節。在以

滿分為 10 分的套路比賽中，其中動作規格的分值占 6 分。足見動作規格的重要性。

四、要弄清動作的攻防含義

在掌握動作規格的基礎上，需要弄清動作的攻防含義。因為攻防是武術運動的主要特徵，若失去了攻防，也就失去了武術的特殊性。武術中每一招式都是以攻防為基本內容，並圍繞攻防而展開無窮變化的。

根據武術的攻防特性，我們在初學時就應該注意了解和掌握每一動作的用法。如「左摟手弓步右衝拳」，學習時必須了解從摟手、握拳到最後出拳整個過程的攻防用法，即當對方從左側向我衝拳出來時，我則以左手摟抓其臂並向回帶，同時衝右拳擊打對方的胸腹部位。再如劍術中的「左右腕花」，乍看起來似乎沒有用法，其實不然，這個動作的含義是對方持械向我中下部擊來，我用劍向下、向左或向右撥打對方的器械，並順勢向上、向前劈擊對方。

了解了動作的攻防含義，便可從被動地做動作變為主動地做動作，使每一動作都有了針對性，克服一味地求快，為動作而動作的盲目性。不了解動作含義，儘管演練者的速度快，亮相美，卻只能學其形而無其神，沒有武術的味道。只有了解了每一動作的用法，才能做到動之有理，運之有法，神形兼備。初學者不可忽視。

五、要準確把握風格特點

正是由於風格特點的問題，武術才劃分出眾多的技術流派，因此，我們在學習各種拳術和器械的過程中，要準確地把握不同

項目的風格特點，才不致使所學的東西串了味兒。

比如學長拳，要知道在風格特點上，它是一種姿勢舒展、動作靈活、快速有力、節奏明顯，並有竄蹦跳躍、閃展騰挪、起伏轉折和跌撲滾翻等動作的拳術。而太極拳的風格特點與長拳截然不同，獨特地表現出柔和、緩慢、沉著、輕靈，且動作圓活，處處帶有弧形，運動起來前後貫串，綿綿不斷，恰似行雲流水。不難看出長拳和太極拳在風格特點上的顯著差異。在器械方面，由於結構不同，運用方法和演練風格也不同。比如刀術，表現其器械結構特點的主要方法有纏頭裹腦，演練起來的風格特點是勇猛、快速、氣勢慓悍，有「刀如猛虎」之稱。而劍術，由於劍的兩刃結構所限，技法上則不能採用類似纏頭裡腦這樣的動作，演練起來的風格特點，突出瀟灑飄逸、輕快矯捷、富於韻律感，有「劍似飛鳳」的美稱。再說槍吧，其風格特點有「槍如游龍」的形象比喻。棍，有「棍似瘋魔」的別號。

總之，無論學習什麼拳種或器械，都要分清它們的風格特點，並準確地加以掌握，經過反覆練習，最後才能形成自己的風格特點。

六、要持之以恆

冰凍三尺，非一日之寒；鐵杵磨針，非一日之功。對於此理，人人皆曉，惟獨說來容易做起難。練習武術，必須持之以恆。學者若能夏越三伏，冬闖三九，常年不輟，何愁解決不了問題，闖不過難關！貴乎，在其志。尤其是自學、自練，無人督促，全靠自我要求，全靠堅強的意志。

第四章 基本功練習

　　武術基本功，是指完成技法時所需要掌握的基本的知識、技能和身體素質。武術運動中每個動作都不是局部的和單關節的活動，它講究手、眼、身、法、步的協調配合，體現爲以腰爲軸，節節貫串，全身運動。因此，在身體素質方面，武術對身體各部位的靈敏、速度、力量、柔軔、協調等等，均有較高的要求。

　　武術在長期的發展過程中，有關的專家們爲廣大愛好者積累了很多行之有效的、由淺入深、完整而系統的身體素質練習方法，即基本功練習。它們是肩臂功、腰功、腿功等。在學習武術的拳術或器械之前，首先要加強各關節、韌帶的柔韌性和靈活性，提高肌肉的控制能力，以便更好地掌握基本技術，提高動作質量。下面介紹的是常見的基本功練習。

第一節　肩臂功練習

　　肩臂功是通過壓、吊、繞環等方法來增強肩關節、上臂、前臂、手腕的柔韌性、靈活性和力量，它可爲進一步學習和掌握各種拳術、器械準備必要的素質。肩臂功練習方法較多，本節介紹壓肩、吊肩、轉肩、單臂繞環、兩臂前後繞環、左右繞環、體前交叉繞環、撲步掄拍、舉臂捲物、俯臥撐、反撐，手倒立，「鐵牛耕地」等方法。練習時可根據自己的具體情況有選擇地進行。

一、壓肩

作用： 發展肩關節的柔韌性，以加大肩關節的活動範圍。

動作做法：

1.面對固定在一定高度的橫杠（最好是肋木）站立，距離一大步。(圖四 1①)

四1①　　　　　　　　　四1②

2.兩手抓握橫杠，兩腳左右分開，與肩同寬或稍寬，上體前俯做振壓肩部的動作。（圖四 1②、③）

要點： 挺胸、塌腰、收髖，兩臂、兩腿要伸直，著力點集中於肩部。

練習方法：

1.做振壓練習，振幅逐漸加大。

2.當下壓到極限時，可靜止不動地堅持片刻，此為耗肩。

四1③

3.壓與耗交替練習。

易犯錯誤：肩部緊張，臂不直。

糾正方法：練習時注意盡量鬆肩、伸臂。

二、吊肩

作用：同「壓肩」。

動作做法：兩腳並步站立，背部靠近固定在一定高度的橫杠（最好是肋木)，兩手反臂抓握橫杠。然後，兩腿屈膝下蹲伸直或懸空吊起。(圖四2)

要點：抓握橫杠時，兩手距離要盡量縮小，臂伸直，肩放鬆。

四2

練習方法、易犯錯誤和糾正方法：均與壓肩相同。

三、轉肩

四3①
四3②

作用：發展肩關節的靈活性，加大肩關節的活動範圍。

動作做法：兩腳開步站立，與肩同寬；兩手握一木棍或繩子於體前，然後向上轉經頭左側繞至體後，再從體後向上轉經頭右側繞至體前。（圖四3①、②）

要點：兩臂伸直，以肩爲軸向前、向後轉動。

練習方法：

1.兩手握棍的距離可略寬於肩，慢做繞環練習。

2.逐漸縮短兩手間的握棍距離進行繞環練習。

易犯錯誤：臂彎曲，不以肩爲軸。

糾正方法：最初練習時，兩手握棍的距離可寬些，但臂不得彎屈，不然就達不到應有的鍛鍊效果。

四、單臂繞環

作用：與「轉肩」相同。

動作做法：

1.兩腳並步站立。（圖四4①）

2.左腳向左側邁步，屈膝，右腿蹬伸，成左弓步；同時，身

四4①　　　　　　　　四4②

體左轉；左手按於左膝上，右臂伸直向前、向上、向後、向下沿身體右側立圓繞環；眼視前方。(圖四 4②、③、④)

四4④　　　　　　四4⑤

要點：臂要伸直，肩要鬆。

練習方法：

1.做單臂繞環練習，速度由慢而快。

2.左、右臂繞環交替練習，注意協調發展。

易犯錯誤：肩臂僵硬。

糾正方法：練習時，注意臂伸直，肩盡量放鬆。

五、兩臂前後繞環

作用：與「轉肩」相同。

動作做法：

四5①

　　1.兩腳開步站立，與肩同寬；兩臂伸直上舉，手心相對；眼視前方。(圖四5①)

　　2.左臂向前、向下、向後繞環，右臂向後、向下、向前繞環。(圖四5②、③)

四5②

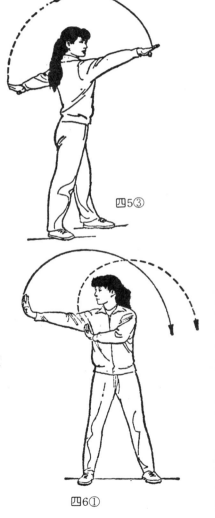

四5③

四6①

　　要點：挺胸，立腰，兩臂伸直，肩關節放鬆，以腰帶肩繞臂劃立圓。

　　練習方法：

　　1.慢繞環練習。

　　2.逐漸加快速度。

　　3.左右臂交替做反方向的繞環練習。

　　易犯錯誤和糾正方法：均與「單臂繞環」相同。

六、兩臂左右繞環

作用：與「轉肩」相同。

動作做法：

1.兩腳開步站立，與肩同寬；兩臂向右側平舉成立掌；眼視右掌。（圖四6①）

2.兩臂同時向上、向左、向下經體前向右劃立圓繞環。然後再反方向劃立圓繞環。（圖四6②）

要點、練習方法、易犯錯誤和糾正方法：均與「兩臂前後繞環」相同。

七、體前交叉繞環

四6②

作用：與「轉肩」相同。

動作做法：兩腳左右開立，與肩同寬；兩臂向左右兩側抬起成側平舉，隨即兩臂同時向上、向下經體前繞環。（圖四7）

要點、練習方法、易犯錯誤和糾正方法：均與「兩臂前後繞環」相同。

八、僕步掄拍

作用：與「轉肩」相同。

動作作法：

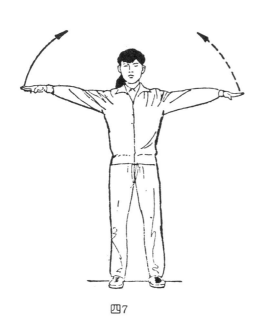

四7

　　1.兩腳並步站立；兩臂垂於體側；眼視前方。（圖四8①）

　　2.左腳向左邁一大步，屈膝，右腿伸直，成左弓步，身體向左轉；右臂伸直向左擺，左臂屈肘於右臂前；眼視右手。（圖四8②）

四8①　　　　　　　　四8②

　　3.上體右轉，右腿屈膝，左腿伸直，成右弓步；右臂向上；向右掄臂，左臂向左掄臂；眼隨右手環視。（圖四8③）

　　4.上體繼續右轉，右臂向下；向後掄臂，左臂向上、向前掄臂。（圖四8④）

四8③

四8④

5.上體左轉，左腿屈膝全蹲，右腿伸直，成右僕步；右臂向上、向右、向下掄臂至右腿內側以掌心拍地，左臂向下、向左掄臂至左上方；眼視右手。(圖四8⑤)

四8⑤

要點：兩臂伸直，肩放鬆，以腰帶肩掄臂。向上掄臂時，臂要貼近耳；向下掄臂時，臂要貼近腿。

練習方法：

1.慢掄臂練習，體會動作路線及以腰帶肩掄臂的要點。

2.逐漸加快掄臂速度。

3.左右交替掄臂練習。

易犯錯誤和糾正方法：與「單臂繞環」相同。

九、舉臂卷物

作用：主要增強前臂屈手肌群、伸手肌群的力量和手的靈活性、抓握力。

動作做法：身體直立，兩腳分開與肩同寬；兩臂前平舉，正

握或反握一木棍，棍的中間繫一繩索，
繩索下端繫一重物，重量以兩手能卷起
為度。然後用屈腕或伸腕的力量卷起重
物，隨即緩緩放下。(圖四 9)

　　要點：挺胸，立腰，兩臂要平舉伸
直。

　　練習方法：兩手慢慢卷起，逐漸加
速、加重。

　　易犯錯誤：兩臂彎曲。

　　糾正方法：練習時，注意將臂舉平
伸直後再做卷起動作。

四9

十、俯臥撐

　　作用：主要增強手臂的支撐力和推力。

　　動作做法：身體俯臥，用兩手掌或十指撐地。隨即，兩臂同
時彎曲，使身體下降至胸部接近地面。然後，兩臂推地伸直還
原。(圖四 10)

　　要點：身體要保持
適度緊張，推撐要快。

　　練習方法：先慢
撐，逐漸加速。

　　易犯錯誤：凸臀。

四10

　　糾正方法：練習時，注意兩腿併攏，收腹，直腰。

十一、反撐

　　作用：與「俯臥撐」相同。

　　動作做法：兩手於身後直臂支撐在地上或一定高度的支撐物
上，身體挺直，兩臂同時屈肘使身體下降至兩臂完全彎曲，然後

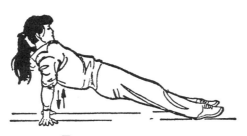

四11

兩臂伸直還原。（圖四 11）

　　要點、練習方法、易犯錯誤和糾
正方法：均與「俯臥撐」相同。

十二、手倒立

　　作用：主要增強臂部肌群、指伸
肌和腕屈肌的力量。

四12

　　動作做法：面對牆站立，兩手平行撐地，與肩同寬，手指向
前；右（左）腳蹬地向上擺腿豎
起成倒立姿勢，兩腳掌貼牆；頭
抬起。（圖四 12）

　　要點：抬頭，挺胸，兩腿併
攏。

　　練習方法：保持倒立姿勢的
時間可根據自己的能力逐漸延長。

　　易犯錯誤：腰部鬆弛。

四13①

　　糾正方法：成倒立姿勢後，
身體要保持適度緊張，兩腿要併
攏。

十三、「鐵牛耕地」

四13②

作用：與「俯臥撐」相同

動作做法：

1.身體俯臥，兩手撐地與肩同寬，兩腿併攏，腳尖著地。（圖四13①）

2.上體後移，臀部凸起，然後屈臂，上體前移，還原。（圖四13②、③、④）

四13③　　　　　　　　四13④

要點：屈臂前移時，上體盡量貼近地面，兩腿保持伸直。

練習方法：先慢做，逐步加快速度。

易犯錯誤：在上體移動中，兩臂沒有彎屈的過程。

糾正方法：練習時，注意兩臂是由伸而屈到伸，不能忽視屈臂的過程，不然就達不到鍛鍊的效果。

第二節　腰功練習

腰是連結上下肢運動的樞紐，是軀幹活動範圍最大的部位，具有前俯、後仰、回旋等運動能力。腰的轉動能夠帶動四肢運動，加大四肢的運動幅度，是傳導勁力的媒介。武術中的吞、吐、開、合、擰、轉、折、疊、含、閃、展等身法的變化，都主要表現在腰部，要求腰部具有較好的靈活、協調、速度、柔韌；

力量等素質。在拳術、器械練習中，腰不活則轉不圓，沒有腰的撐轉，則表現不出閃避，沒有腰的屈伸，則表現不出吞吐，拳諺說「練拳不練腰，終究藝不高」就是這個道理。通過腰功練習，可以增強腰背柔韌性、腰椎的靈活性和力量。腰功練習方法較多，本節介紹的是常見的前俯腰、甩腰、涮腰、翻腰和撐腰。

一、前俯腰

作用：增加腰部的前俯能力。

動作做法：

1.兩腳並步站立；兩手手指交叉，直臂上舉，手心向上；眼視前方。（圖四 14①）

2.上體前俯，兩手掌盡量貼地。（圖四 14②）

3.兩手鬆開，抱住跟腱部位逐漸使胸部貼近腿部，持續一定的時間再起立。（圖四 14③）

四14①　　四14②　　四14③

4.上體向左、右側轉動，兩手隨之在左、右腳外側觸地。（圖四 14④、⑤）

　　要點：兩腿挺膝伸直，挺胸、塌腰、收髖，並向前折體。

　　練習方法：開始練習時，一般柔韌性較差，可做開步的前俯腰壓振練習（圖四 14⑥）。逐漸過渡到兩腳併攏的前俯腰壓振練習。

四14④　　　　四14⑤　　　　四14⑥

　　易犯錯誤：腿變曲，含胸拱背。

　　糾正方法：

　　練習時要不怕腿痛，要用力挺膝。

　　開步站立，兩手撐膝，做抬頭、挺胸、塌腰、前屈的練習。

二、甩腰

　　作用：發展腰部的柔韌性。

　　動作做法：

　　1.兩腳開步站立；兩臂上舉。（圖四 15①）

　　2.以腰、髖關節爲軸，上體做前後屈和甩腰動作，兩臂也跟著甩動，兩腿伸直。（圖四 15②、③）

四15①

　　要點：兩腿伸直，甩腰的速度、幅度逐漸加快、加大。

　　練習方法：

四15②　　　　　　四15③

1.做一手扶肋木或其它支撑物的甩腰練習，速度由慢而快。

2.不扶肋木的甩腰練習。

易犯錯誤：甩動速度慢。

糾正方法：可多做手扶肋木的甩腰練習，使其能大膽快速地甩動。

三、涮腰

作用：發展腰部肌肉和腰椎的靈活性和活動範圍。

動作做法：

1.兩腳並立，兩臂自然下垂。（圖四 16①）。

2.左腳向左跨出一大步，以髖關節為軸，上體前俯，兩臂隨之向左前下方伸出。然後向前、向右、向後、向左翻轉繞環。（圖四 16②、③）

四16①

圖四16②　　　　　　　　圖四16③

要點：盡量屈體，以增大繞環幅度。

練習方法：

1.上體先做向前、向後、向左、向右側屈的動作，然後再做涮腰動作。

2.左右繞環交替進行。速度要由慢到快，次數逐漸增多。在涮腰後可下蹲、弓腰休息片刻，以防頭暈。

易犯錯誤：繞環幅度小，上體後仰不夠。

糾正方法：練習時，注意後仰要充分抬頭。多做甩腰練習。

四、翻腰

作用：發展腰、髖的柔韌性和靈活性。有插步翻腰、蓋步翻腰等。

動作做法：

1.兩腳並步站立：兩臂自然下垂；眼視前方。（圖四 17①）

2.左腳向右腳後插步；兩臂向右擺掌，左臂屈肘於右胸前，右臂伸直於體側；頭隨之右轉；眼視右掌。（圖四 17②）

四17①

四17②

3.兩腿微屈；左臂伸直向下、向左掄至左側，此時上體前俯；眼視前方。（圖四 17③）

4.以兩腳前掌為軸，上體向左、向上翻轉並後仰，成右腿在前，左腿在後的交叉步；兩臂隨身體轉動。此為插步翻腰。（圖四 17④、⑤）

要點：翻轉時要展胸、展腹、挺髖、仰頭，速度要快。

練習方法：

1.做甩腰、下橋練習，提高腰髖柔韌性和靈活性，同時注意體會挺胸、挺髖等要點。

四17③

四17④　　　　　　　　　四17⑤

2.慢做翻腰練習，體會掄臂、轉腰、挺胸、擺頭的協調配合。

3.做完整的翻腰練習。

易犯錯誤： 含胸、收腹、兩臂展不開。

糾正方法： 多做涮腰等基本功練習。練習時注意挺胸、挺髖。右臂掄擺時不需左臂快速跟進，只需保持兩臂平直隨腰的翻轉而貼身劃立圓。

五、擰腰

作用： 發展腰、髖的柔韌性和靈活性。

動作做法：

1.兩腳並步站立：兩臂自然下垂；眼視前方。（圖四18①）

2.左腿支撐，右腳向前上半步，以前腳掌著地；上體後仰；右臂向後擺掌，左臂屈肘於胸前。（圖四18②）

3.以左腳爲軸，上體向左擰腰翻轉。（圖四18③）

四18①　　　　　　四18②

四18③

要點：上體後仰，挺胸、展腹、擰腰翻轉要快而有力。

練習方法、易犯錯誤和糾正方法：均與「翻腰」相同。

第三節　腿功練習

人體四肢以腿爲最長，控制範圍大，攻擊距離遠，而以攻防爲運動特點的武術，在使用腿方面表現出了高度的技巧。拳諺說：「若要武練成，功從腿上生。」只有重視和加強腿部練習，方

能達到「出腿如利箭」的速度，「一腿力千鈞」的勁力。通過腿功練習，可增加上肢的柔韌性，靈活性和力量。本節主要介紹壓腿、扳腿、劈腿、站樁四種。

一、壓腿

作用：壓腿，是一腿支撐體重，另一腿伸直，腳跟放在地上或一定高度的肋木上，而後兩手按於膝上，上體做前屈、側屈和後伸的壓振動作。通過壓腿鍛鍊，可以拉長腿部的肌群和韌帶，加大髖、膝、踝關節的活動範圍。方法有正壓、側壓、後壓和僕步壓等。

㈠、正壓腿

動作做法：

1.兩腳並步站立，右腳尖外擺，左腳向前上一步，腳跟著地，腳尖翹起，腿伸直；右腿屈膝，上體前俯；兩手指交叉按在左膝關節上；而後，上體有節奏地向前、向下壓振。此為正面低壓腿。（圖四 19①）

四19①

2.面對牆等一定高度的物體或肋木並步站立；左腿提起，將腳跟放在一與髖同高的物體上，腳尖勾起，兩手指交叉扶按在膝節上；上體向前、向下做壓振動作。此為正面中壓腿。（圖四 19②）

3.動作與正面中壓腿同，惟將所壓之腿舉到肩部以上的高度做壓振動作。此為正面高壓腿。（圖四 19③）

要點：挺胸、塌腰、收髖，被壓腿的腳尖勾緊。

練習方法：

1.先做些下肢屈伸、擺動等動作，把肌肉和關節活動開後再做壓腿練習。放腿的高度由低而高，壓腿的力量由輕到重，振幅由小到大。

圖19②　　　　　　　　　　　圖19③

2.左右壓腿、耗腿交替練習。壓腿到一定程度後可用雙手搬住腳掌，用力向後拉，使前額鼻尖或下頦逐漸接近腳尖，並停住不動，盡量維持時間長一些為耗腿，耗腿之後把腿放下來放鬆一下，再繼續做。

3.做左右壓、踢腿交替練習。

易犯錯誤：

1.腿不直，腳勾不緊。

2.弓背。

糾正方法：

1.振壓前一定要將兩腿伸直，被壓腿的腳尖盡量勾起，再做振壓練習。

2.先做低壓腿逐漸過渡到中、高壓腿。振壓時，注意挺胸、塌腰、抬頭。

㈡、側壓腿

動作做法：亦分低、中、高
壓三種，均與「正壓腿」相同，
惟身體是側面對一定高度的物體
或肋木。上體向側前方做壓振。
（圖四20①、②、③）

要點：與「正壓腿」同，惟
注意開髖。

練習方法、易犯錯誤和糾正
方法：均與「正壓腿」同。

四20①

四20③

四20②

（三）、後壓腿

動作做法：

1.兩腳前後開立，左
腿屈膝全蹲，右腿伸直，

四21①

腳尖繃直，膝蓋、小腿和
腳背著地；兩手叉腰；上
體做後仰壓振動作。此爲
後低壓腿。（圖四 21①）

2.背對一定高度的物
體或肋木並步站立，然後
左腿支撐，右腿向後舉
起，將腳背放在一與髖同
高的物體上，腳面繃直；
兩手叉腰或扶一定高度的
物體，上體做向後仰的壓
振動作。此爲後中壓腿。
（圖四 21②）

四21①

3.動作與「後中壓
腿」同，惟將被壓腿舉
到自己肩部以上的高度
做壓振動作。此爲後高
壓腿。（圖四 21③）

要點：挺胸、長
髖，上體後仰。

練習方法：與「正
壓腿」相同。

易犯錯誤：腿不
直，站立不穩。

糾正方法：壓腿時，

四21③

注意兩膝挺直並保持適度緊張，支撐腿的腳趾抓地。

㈣、僕步壓腿

動作做法：

1.兩腳左右開立，右腿屈膝全蹲，全腳著地，左腿挺膝伸直，腳尖裡扣，兩手分別抓握兩腳外側成左僕步向下壓振。（圖四 22①）

四22①

2.接著右腳蹬地，右腿伸膝，腳尖裡扣，重心左移，左膝彎曲，轉成右僕步繼續向下壓振。（圖四 22②）

四22②

要點： 挺胸、塌腰、沉髖，左僕步轉成右僕步時，要使臀部盡量貼近地面移動。

練習方法： 左右壓耗交替練習。

易犯錯誤： 腿不直，腳掌外側離地

糾正方法： 僕腿注意膝挺直，做前腳外側抵住固定物體的壓振練習。

二、扳腿

作用： 主要是拉長腿部韌帶，加大髖、膝、踝關節的活動幅度。有正扳、側扳、後扳三種。

㈠、正扳腿

動作做法： 左腿屈膝提起，右手握住左腳，左手抱膝（圖四 23①）。然後。左腿向前上方舉起，挺膝，腳外側朝前（圖

四23①

四23②　　　　　　　四23③

四 23②）。也可由同伴托住腳跟往上扳。（圖四 23③）

　　要點：挺胸，塌腰，收髖。

　　練習方法、易犯錯誤和糾正方法：均與
「正壓腿」相同。

　　㈡、側扳腿

　　動作做法：左腿屈膝提起，右手經小腿
內側向下托住腳跟。然後將左腿向左上方扳
起，右臂上舉亮掌（圖四 24①）。也可由同
伴托住腳跟向側上扳腿。（圖四 24②）

　　要點、練習方法、易犯錯誤和糾正方
法：均與「側壓腿」相同。

　　㈢、後扳腿

　　動作做法：手扶一定高度的物體或肋
木，並步站立。左腿支撐，由同伴托起右腿

四24①

圖24①

從身後向上舉，挺膝，
腳尖繃直，上體略前
俯。當同伴向後上方振
腿時，上體後仰。（圖
四25）

要點、練習方法、
易犯錯誤和糾正方法：
均與「後壓腿」相同。

三、劈腿（叉）

作用：發展髖關節
的活動幅度，提高腿部
的柔韌性。有豎叉和橫
叉兩種。

㈠、豎叉

圖25

　　動作做法：兩臂側平舉或兩手左右扶地，兩腿前後分開成直線，左腿後側著地；右腿的內側或前側著地；眼視前方。（圖四26）

四26

　　要點：挺胸、立腰、沉髖、挺膝。

　　練習方法：

　　1.劈叉前應先做壓腿等練習，然後用手扶肋木做逐步向下劈腿的動作。

　　2.做手不扶地的向下劈腿動作，也可在劈叉時上體做前俯或後仰的動作。

　　㈡、橫叉

四27

　　動作做法：兩手側平舉或在體前扶地。兩腿左右分開成直線，腳內側著地。（圖四27）

　　要點、練習方法：與「豎叉」相同。

四、站樁

　　作用：站樁，是以靜站的方式發展腿部力量，練習各種步型的穩定性。在每套拳術或器械運動裡，任何姿勢或動作大都基於

馬步、弓步、虛步、丁步、僕步等步型，步型形成了動力定型，各種姿勢和動作就有了根基，下盤就顯得穩固。「動如風，站如釘」和「起之有根、落如盤石」的拳諺，表明根基的穩固是構成武術運動特點不可缺少的組成部分。故有「未習武，先站樁」的說法。以下是常見的樁功練習。

㈠弓步：左腿屈膝前弓爲左弓步，右腿屈膝前弓爲右弓步。

動作做法：

1.兩腳並步站立；兩手握拳分別抱於腰側，拳心向上；眼視前方。（圖四28①）

2.身體左轉90°，左腳向前邁一步，約爲本人腳長的四至五倍，腳尖微內扣，左腿屈膝半蹲，大腿與地面平行，膝蓋與腳尖垂直；右腳內扣，腿挺直；眼視前方。此爲左弓步。（圖四28②）

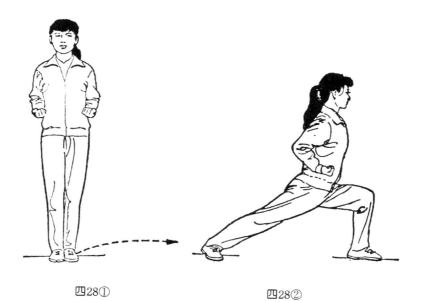

四28①　　　　　　四28②

要點：

1.左腳內側與右腳跟成一直線。

2.左腿弓，右腿繃，挺胸，塌腰，沉髖。

練習方法：

1.原地靜止性的弓步練習，逐漸延長時間，體會動作要點和增加下肢支撐力。

2.原地左右弓步交替練習。

3.行進間上步成弓步練習。

4.結合手法的行進間弓步練習。如「弓步衝拳」或「弓步推掌」等。

易犯錯誤：

1.後腿屈膝，撥跟。

2.上體前俯。

糾正方法：

1.練習時，後腿膝關節用力挺直，腳跟用力後蹬，同時加強膝、踝關節的柔韌性練習。

2.注意頭向上頂，髖部下沉。

㈡、馬步

動作做法：

1.與「弓步」相同。（圖四29①）

2.左腳向左側開步，兩腳寬度約為本人腳長的三倍。腳尖向前，兩腿屈膝半蹲，膝蓋不超過腳尖，兩大腿接近水平，身體重心在兩腿之間。（圖四29②）

要點：挺胸，收腹，膝微內扣，腳跟外蹬。

練習方法：與「弓步」相同。

易犯錯誤：

　　圖29①　　　　　　　　圖29②

　　1.兩腳間距離過大或過小。

　　2.腳尖外撇。

　　3.凸臀，上體前俯。

　　糾正方法：

　　1.先量出三腳距離，然後再屈膝下蹲。

　　2.練習時注意兩腳跟用力外蹬，膝微扣。

　　3.注意挺胸，收腹，斂臀。

　　㈢、僕步：僕左腿為左僕步，僕右腿為右僕步。

　　動作做法：

　　1.與「弓步」相同。（圖四30①）

　　2.右腳向右側邁步，右腿屈膝全蹲，臀部盡量下落，接近小
腿，腳和膝關節外撇；左腿挺直單僕，腳尖裡扣，兩腳全腳掌著
地。（圖四30②）

　　要點：挺胸，塌腰，沉髖。

　　練習方法：與「弓步」相同。

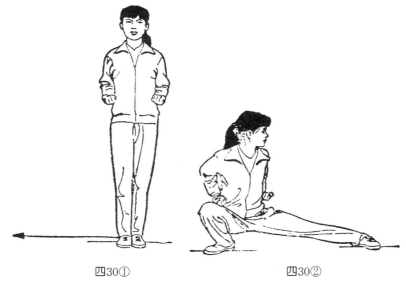

四30①　　　　　　　　　　　　　四30②

易犯錯誤：

1.平僕腿彎曲，腳外側掀起。

2.上體前傾。

糾正方法：

1.將單僕腿的腳外側抵住牆根或其它物體，不讓腳跟掀起。

2.練習時先使上體正直然後再下蹲成僕步。

㈣、**虛步：**左腳在前為左虛步，右腳在前為右虛步。

動作做法：

1.與「弓步」相同。（圖四 31①）

2.右腳尖外展 45°，右腿屈膝半蹲；左腳向前伸出，腿微屈，以腳前掌虛點地，腳面繃平並稍內扣。兩膝間的距離約 20 厘米。（圖四 31②）

要點：挺胸，立腰，身體重心落在右腿。

練習方法：

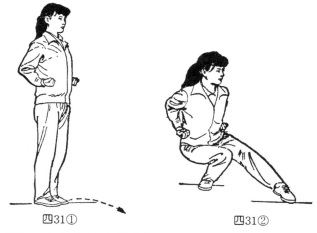

四31①　　　　　　四31②

1.手扶一定高度的支撐物練習。開始姿勢可高一些，逐漸下蹲壓至大腿接近水平。

2. 3. 4.與「弓步」相同。

易犯錯誤：

1.虛實不清。

2.支撐腿蹲不下去。

糾正方法：

1.支撐腿先下蹲，再將虛腿前伸，腳尖虛點地。

2.多做單、雙腿或負重的蹬伸練習，增加下肢力量。

㈤、歇步：左腳在前爲左歇步，右腳在前爲右歇步。

動作做法：

1.與「弓步」相同。（圖四 32①）

2.左腳向左邁步，隨即右腳提起向左腳後插步，前腳掌著地，兩腿交叉，然後屈膝全蹲，臀部坐於右小腿上；上體正直，頭向左轉；眼視左前方。（圖四 32②）

要點：挺胸，塌腰，兩腿靠攏並貼緊。

四32①

四32②

練習方法：與「弓步」相同。

易犯錯誤：

1.動作不穩，左右晃動。

2.上體前俯。

糾正方法：

1.練習時，注意前腳尖外展，兩腿貼緊。

2.上體保持正直後再逐漸下蹲。

㈥、坐盤：左腿在前為左坐盤，右腿在前為右坐盤。

動作做法：與「歇步」相同，惟後腿疊膝下坐，大小腿均著地。（圖四33）

四33

要點、練習方法、易犯錯誤和糾正方法：均與「歇步」相同。

㈦、叉步

動作做法：

1. 與「弓步」相同。（圖四 34①）

2. 左腳向左邁步，隨即右腳提起經左腳後向左側插步，膝挺直，前腳掌著地；左腳尖外擺，全腳著地，屈膝半蹲，大腿接近水平，頭向左轉；眼視左方。（圖四 34②）

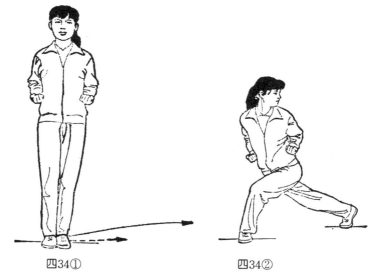

四34①　　　　　　　　四34②

要點：挺胸、塌腰並向左擰轉。

練習方法、易犯錯誤和糾正方法：與歇步相同。

(八)、**前點步：**左腿前點為左前點步，右腿前點為右前點步。

動作做法：與「虛步」相同，惟支撐腿伸直。（圖四 35①、②）

要點、練習方法、易犯錯誤和糾正方法：均與「虛步」相同。

(九)、**後點步：**左腳後點為左後點步，右腳後點為右後點步。

動作做法：

四35①　　　　　　　四35②

1.與「弓步」相同。(圖四 36①)

2.左腿伸直支撐，全腳著地，右腳提起向身後伸出，伸膝，以腳尖虛點地面；眼視前方。(圖四 36②)

四36①　　　　　　　四36②

　　要點：上體正直，重心落在支撐腿上。

　　練習方法：與「弓步」相同。

　　易犯錯誤：虛實不清，左右晃動。

　　糾正方法：練習時，左腿站穩後，再提右腳向後伸，保持上體正直。

　　㈩、**丁步**：左腳尖點地爲左丁步，右腳尖點地爲右丁步。

　　動作做法：

　　1.與「弓步」相同。（圖四 37①）

　　2.兩腿屈膝半蹲，右腳全腳掌著地，左腳跟提起，腳尖虛點地，貼於右腳內側；頭向左轉，眼視左方。（圖四 37②）

四37①　　　　　　　　　　四37②

　　要點、練習方法、易犯錯誤和糾正方法：均與「虛步」相同。

第五章　　基本動作練習

　　在基本功練習中，獲得了身體的伸展、柔韌、靈活、協調、力量等基本素質後，需進一步學習和正確掌握基本動作，從而為學好練好各種拳術和器械套路打下基礎。武術的基本動作概括起來說，包括手型、手法、肘法、步型、步法、腿法、平衡、跳躍、跌撲滾翻等幾個部份。

第一節　　手型、手法和肘法練習

一、手型

　　武術中手型較多，常見的有拳（方拳、頂心拳、封眼拳等）、掌（荷葉掌、八字掌、柳葉掌）、勾等。這部分內容已在「第二章常用術語」中作過介紹，故不贅述。

二、手法

㈠、衝拳

　　動作含義：以拳面為力點衝擊對方軀幹以上的任何一個部位。屬進攻性拳法。分平拳（拳心向下）和立拳（拳眼向上）。

　　動作做法：

　　1.兩腳開步站立，與肩同寬；兩手握拳抱於腰間，肘尖向後，拳心向上；眼視前方。（圖五 1①）

　　2.左拳從腰間向前旋臂猛力衝出，力達

五1①

拳面，臂要伸直，高與肩平，同時右肘向後牽引。然後，衝右拳，收左拳；眼視右拳。(圖五 1②、③)

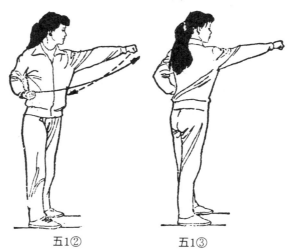

五1②   五1③

要點：出拳時注意轉腰、順肩，爆發用力、定勢時要挺胸、收腹、立腰。

練習方法：

1.單臂慢衝拳練習，不要用全力，注意體會旋臂、轉腰、順肩等動作要領。

2.在掌握動作方法、路線及要領的基礎上，做單臂快衝拳、快收拳練習，體會寸勁。

3.雙手交替連續衝拳練習，注意速度由慢到快，要有節奏感。

4.結合各種步型、步法做衝拳練習。

易犯錯誤：

1.衝拳時肘外展。

2.衝拳無力。

糾正方法：

1.衝拳時，注意肘要貼肋運行，使拳內旋衝出。

2.注意轉腰，順肩，速旋臂。

（二）、架拳

動作含義：是以拳和前臂向上格擋對方的攻擊。屬防守性拳法。

動作做法：

1.兩腳左右開立同肩寬；兩手握拳抱於腰的左右兩側，拳心向下；眼視前方。（圖五2①）

2.右拳向下經腹前向左、向上、向右前上方旋臂架起，臂微屈，拳眼向下，頭向左轉；眼視左方（圖五2②）。然後，右拳下落，還原成抱拳。

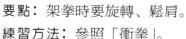
五2①　　　　　五2②

要點：架拳時要旋轉、鬆肩。

練習方法：參照「衝拳」。

易犯錯誤：架拳時臂易伸直。

糾正方法：練習時，注意旋臂上架，臂微屈。

㈢、劈拳

動作含義：掄拳劈擊對方頭、臂等部位。屬進攻性拳法。分前劈、側劈和掄劈。

動作做法：

1.並步站立；兩拳抱於腰間。（圖五3①）

2.左拳由腰間向右經臉前向上擺起。（圖五3②）

3.左拳由上向左側快速下劈，力達拳輪，臂伸直，拳眼向上（爲掄劈）；眼視左拳（圖五3③）。然後，屈臂收拳於腰間，還原。

　　五3①　　　　五3②　　　　五3③

要點：以肩帶臂、直臂下劈，力達拳輪。

練習方法：參照「衝拳」

易犯錯誤：屈腕、聳肩。

糾正方法：練習時、臂、腕保持適度的緊張，注意鬆肩。

四、撩拳

動作含義：以拳眼或拳背向前撩擊對方襠部等部位。屬進攻性拳法。有正撩和反撩之分。

動作做法：

1.兩腳並步站立。（圖五 4①）

2.左腳向左側邁步，屈膝，右腿伸直成右弓步；右手握拳直臂向前撩擊，高不過肩，力達拳眼，拳眼向上，左臂屈肘，左掌附於右臂上；眼視右拳。（圖五 4②）

五4①　　　　　　　五4②

要點：以肩為軸直臂向前撩擊，速度要快，力達拳眼。

練習方法：參照「衝拳」。

易犯錯誤：撩擊時，易以前臂上撩。

糾正方法：練習時，臂部要保持適度緊張，並注意將臂伸直後再做撩擊動作。

（五）、貫拳

動作含義：是以拳背靠近中、食掌指關節的突起部位攻擊對方太陽穴或後腦。屬進攻性拳法。

動作做法：

1.兩腳並步站立；兩手握拳抱於腰部兩側；眼視前方。（圖五 5①）

2.左腳向前上步，屈膝，右腿伸直成左弓步；右拳從腰間向右、向前上方弧形橫擊，力達拳面，臂、腕微屈，拳眼斜向下；眼視右拳。（圖五 5②）

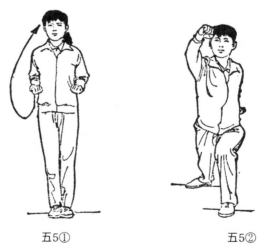

五5①　　　　　五5②

要點：以腰帶臂向前上方橫擊。

練習方法：參照「衝拳」。

易犯錯誤：肘關節太直。

糾正方法：練習時，有意識地保持肘關節微屈狀態。

（六）、砸拳

動作含義：是以拳背由上向下砸擊對方某一部位。屬攻擊性

拳法。

動作做法：

1.兩腳並步站立；兩臂自然下垂；眼視前方。(圖五 6①)

2.右手握拳向上舉起，左手成掌置於腹前，掌心向上。(圖五 6②)

3.右臂屈肘向下，以拳面為力點砸落於左掌心上，拳心向上，力達拳背；同時，兩腿屈膝下蹲。(圖五 6③)

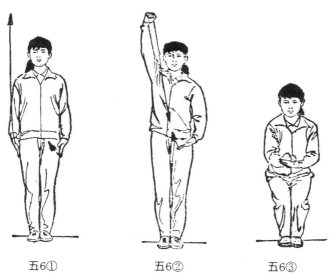

五6①　　　　　五6②　　　　　五6③

要點： 挺胸、立腰、落臀。

練習方法：

1.單手空砸拳練習，體會動作路線及要點。

2.右拳下砸與左掌心迎擊右拳練習。

3.結合步型、步法進行練習。如「震腳砸拳」。

易犯錯誤： 凸臀。

糾正方法：練習時，有意識地收臀。

㈦、抄拳

動作含義：是以拳面攻擊對方下頦、胸、腹等部位。屬進攻性拳法。

動作做法：

1.兩腳並步站立；兩手握拳抱於腰間；眼視前方。（圖五7①）

2.左腳向左側邁步，屈膝，同時身體左轉，右腿伸直成左弓步；右拳下落後隨轉身向前上方抄打，高不過頭，力達拳面，拳背向前；眼視右拳。（圖五7②、③）

五7①

五7②

五7③

要點：抄打時，腰向左擰轉，力達拳面。

練習方法：參照「衝拳」。

易犯錯誤：抄拳過高，易與「撩拳」混淆。

　　糾正方法：練習時，肩臂手均保持適度的緊張，注意分清與「撩拳」的不同做法。

　　㈧、栽拳

　　動作含義：是以拳面向下攻擊對方。屬攻擊性拳法。

　　動作做法：

　　1.兩腳並步站立；兩手垂於體側；眼視前方。（圖五8①）

　　2.左腳向左上步，屈膝，同時身體左轉，右腿伸直成左弓步；同時，右手握拳屈肘上提至耳側，隨即迅速向前下擊打，力達拳面，拳背向前，左掌附於右臂前側。（圖五8②、③）

五8①

五8②　　　　　　　　五8③

　　要點：擊打時，順肩並配合向下沉氣。

　　練習方法：參照「衝拳」。

　　易犯錯誤：肩緊、低頭。

　　糾正方法：多做肩臂繞環、放鬆、順肩等練習；做栽拳練習時，注意保持頭頸正直。

　　㈨、**蓋拳**

　　動作含義：是以拳背蓋打對方臉、頭等部位。屬進攻性拳法。

　　動作做法：

　　1.兩腳並步站立；兩臂自然下垂；眼視前方。（圖五9①）

　　2.左腳向前上步，同時左手向上舉起，右手握拳屈臂提至體前。（圖五9②）

　　3.右拳以肘關節為軸從胸前向上、向前蓋擊，力達拳背，拳心向上，左掌向下收於右肘下，掌心向下；眼視右拳。（圖五9③）

五9①

五9②　　　　　五9③

要點：蓋擊要迅速，力點要準確。

練習方法：參照「衝拳」。

易犯錯誤：力點不清。

糾正方法：練習時，注意分清與其它拳法的力點區別及用法的不同之處。

㈩、亮掌

動作含義：是以掌背橫擊對方的太陽穴或後腦等部位，或以掌、臂保護自己的頭部。

動作做法：

1.兩腳開步站立，與肩同寬；兩手握拳抱於腰間；眼視前方。（圖五 10①）

五10①

2.右拳變掌向右、向上劃弧至右側，拇指側向上；眼隨視右掌。（圖五 10②）

3.右掌繼續向上劃弧至頭的右上方時迅速抖腕亮掌，臂微屈，掌心斜向上，在抖腕的同時，頭也迅速左轉，眼視左方。（圖五 10③）

五10②

五10③

要點：抖腕、亮掌和轉頭要同時完成，動作要乾淨利落，頭要正。

練習方法：

1.做壓腕、轉腕練習，發展髖部的靈活性。

2.單手亮掌慢動作練習，體會動作運行路線以及抖腕、亮掌和轉頭的配合一致。

3.單手快速亮掌動作練習，動作要快而脆。

4.雙方交替亮掌練習。

5.結合各種手法、步型做行進間練習，如「穿掌勾手亮掌」等。

易犯錯誤：

1.抖腕、亮掌動作不明顯。

2.抖腕、亮掌和轉頭不一致。

糾正方法：

1.多做壓腕、轉腕練習和單手抖腕亮掌練習。

2.練習時，可用語言提示（如說「轉頭」等），使其配合一致。

（十一）、劈掌

動作含義：是以掌沿劈擊對方身體的某一部位，屬攻擊性掌法。

動作做法：與「劈拳」相同，惟以掌沿劈擊。可參照進行練習。（圖五 11①、②、③）

（十二）、砍掌

動作含義：是以掌沿橫擊對方身體的某一部位。屬進攻性掌法，分俯掌、仰掌砍擊兩種。

動作做法：

五11①　　　　　五11②　　　　　五11③

1.兩腳開步站立，兩拳抱於腰間。（圖五12①）

2.兩腳不動；右拳變掌向右上抬起至胸前，然後平向右側橫砍，力達掌外沿，手心向下（手心向下是俯掌砍擊，手心向上是仰掌砍擊）；眼視右掌。（圖五12②）

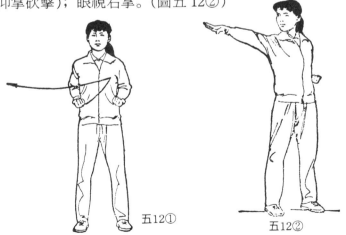

五12①　　　　　　　五12②

要點：掌、腕要伸直。

練習方法：參照「衝拳」。

易犯錯誤：腕、指不直，力點不清。

糾正方法：練習時，手腕保持適度緊張，同時注意區分與其它掌法的不同用力。

（十三）、挑掌

動作含義：是以掌背格開對方的來拳或器械。屬防守性掌法。

動作做法：

1.兩腳開步站立，與肩同寬；兩手握拳抱於腰間，拳心向上；眼視前方。（圖五 13①）

2.兩腳不動；左拳變掌，向下、向前直臂撩出。（圖五 13②）

3.左掌腕部下沉，四指上翹，與肩同高，臂微屈，成挑掌，掌心向右前。（圖五 13③）

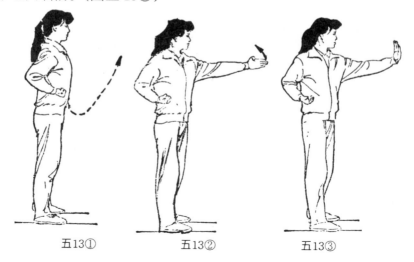

五13①　　　　五13②　　　　五13③

要點：力達四指。

練習方法：參照「衝拳」

易犯錯誤：掌立不起來。

糾正方法：多做壓腕練習。

（十四）、穿掌

動作含義：是以指尖穿擊對方胸、喉等部位。屬進攻性掌法。有前穿、後穿、側穿和上穿之分。

動作做法：

1.兩腳開步站立，與肩同寬；兩手握拳抱於腰間，拳心向上；眼視前方。(圖五14①)

2.左掌由腰側向左、向前劃弧，掌心向上；眼視左掌。(圖五14②)

3.右掌掌心向上，臂由屈到伸，經左掌上向前上穿出（此為前穿掌），左掌收於右腋下；眼視右掌。(圖五14③)

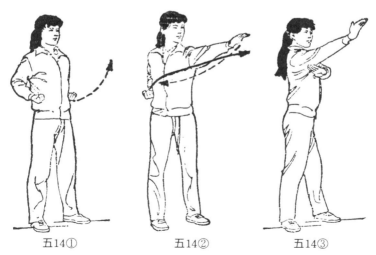

五14①　　　　　五14②　　　　　五14③

要點：穿掌時要挺胸，立腰，順肩，力達指尖。

練習方法：參照「衝拳」。

（十五）、插掌

動作含義：是以指尖插擊對方。屬進攻性掌法。

動作做法：

　1.兩腳並步站立；兩臂下垂於體側，眼視前方。

　2.左腳向前上步，右腿屈膝提起；同時，右臂屈肘上提，右掌置於右耳側，左掌擺於身前。（圖五15②）

　3.右腳落地，兩腿屈膝併攏；同時，右掌以指尖爲力點向下插擊，左掌收於右胸前；眼視右掌。（圖五15③）

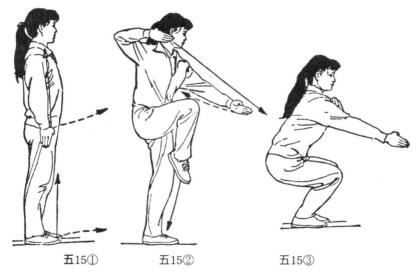

五15①　　　　五15②　　　　五15③

要點：插擊時，四指、腕部要伸直，力達指尖。

練習方法：參照「衝拳」。

易犯錯誤：腕部和四指不直。

糾正方法：練習時，注意腕部和手指保持適度緊張，使之成挺直狀態。

（十六）、推掌

動作含義： 是以掌沿推擊對方。屬攻擊性掌法。

動作做法： 與「衝拳」相同，惟兩拳變掌，以掌外沿為力點，向前立掌快速推出。（圖五 16①、②、③）

要點： 沉腕、翹掌，其它與「衝拳」相同。

練習方法、易犯錯誤和糾正方法： 均參照「衝拳」。

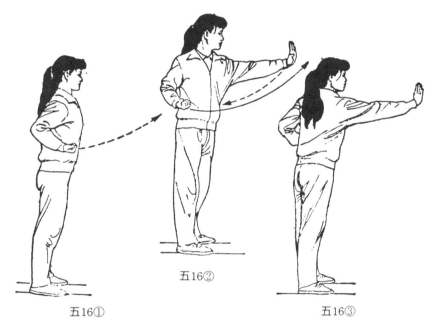

五16①　　　　　　　五16②　　　　　　　五16③

（十七）、撩掌

動作含義： 是以掌心或掌根撩擊對方襠部。屬攻擊性掌法。

動作做法： 與「撩拳」相同，惟以掌心向前直臂撩擊。（圖五 17①、②、③）

要點、練習方法、易犯錯誤和糾正方法： 均參照「撩拳」。

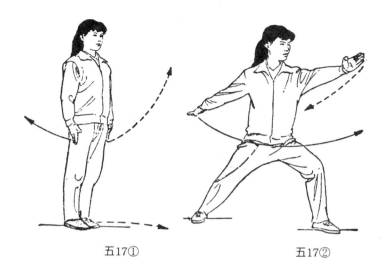

五17①　　　　　　　　五17②

五17③

（十八）、按掌

動作含義： 是以掌心下按對方攻來之肢體。屬防守性掌法。

動作做法：

1.兩腳並步站立；兩臂自然下垂；眼視前方。（圖五 18①）

2.兩臂從兩側劃弧上舉；眼視右掌。（圖五 18②）

3.兩臂屈肘經胸前向下按掌，力達掌心，掌指相對，掌心向下，頭向左轉；眼視左方。（圖五 18③）

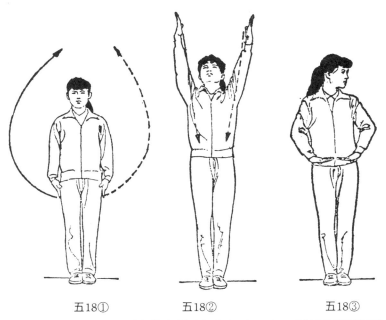

五18①　　　　　　五18②　　　　　　五18③

要點：沉肩、按掌與轉頭要協調一致。保持兩臂微屈。

練習方法：參照「衝拳」。

易犯錯誤：兩臂伸得太直，按拳與轉頭不一致。

糾正方法：①按照正確動作，慢速練習。②在慢動作正確的基礎上，配合轉頭練習。先求慢動作的協調一致，然後做快速的配合。注意頭的轉動要正直。

（十九）、摟手

動作含義：是以掌抓摟對方攻來之手。屬防守攻擊性手法。

動作做法：

1.兩腳左右分開站立，與肩同寬；兩手握拳抱於腰間；眼視前方。（圖五 19①）

2.右拳變掌，拇指分開，掌心向前下，向左、向前、向右劃弧抓摟，隨即收回腰間。（圖五 19②）

五19①　　　　　　　五19②

要點：以腰帶臂，拇指分開，眼隨手轉。

練習方法：

1.慢做，體會動作運行路線及要點。

2.在掌握要領後可加快速度，雙手應交替練習。

3.結合步型、步法變化練習。如「摟手弓步衝拳」等。

易犯錯誤：聳肩，抬肘。

糾正方法：練習時，注意鬆肩墜肘。

（二十）、舞花手

動作含義：對方以右拳向我胸部擊來，我即雙方交叉於胸前接住對方的右前臂，隨即兩手翻轉，將對方擒住。

動作做法：

　1.兩腳開步站立；兩臂垂於體側；眼視前方。（圖五20①）

　2.兩臂一起向左右兩側舉起，手心向下。（圖五20②）

　3.兩臂一起向前平擺於胸前交叉，右臂在上，左臂在下，兩掌心向下。（圖五20③）

　4.右手翻掌向後、向右劃弧，左手也翻掌向前；向左劃弧，兩掌心向上。（圖五20④）

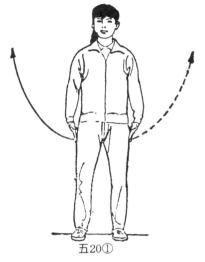

五20①

　5.右掌繼續向右、向前、向左劃弧翻掌，掌心向上，左掌也繼續向左、向後、向右劃弧翻掌，掌心向下，兩掌交叉至胸前，左掌在上，右掌在下。（圖五20⑤、⑥）

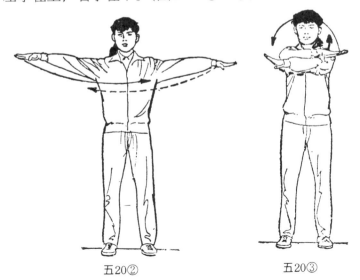

五20②　　　　　　　　　五20③

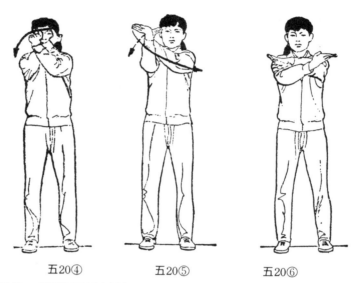

五20④　　　　　　五20⑤　　　　　　五20⑥

要點： 兩掌翻轉劃弧要以腕爲軸，兩手腕不得分開，在空中劃一平圓。

練習方法：

1.做壓腕、轉腕練習，提高腕部的靈活性。

2.慢做，體會動作運行路線和要點。

3.在掌握要點後逐漸加快速度和力量。

4.結合步法等進行練習。

易犯錯誤： 翻轉時兩手分開。

糾正方法： 兩手腕要緊貼在一起，以腕爲軸劃弧翻掌。同時，加強腕部的靈活性練習。

三、肘法

㈠、頂肘

動作含義： 是以肘尖頂擊對方的胸腹部位。屬攻擊性肘法。

動作做法：

1.兩腳左右開步站立；兩手握拳抱於腰間，眼視前方。(圖五 21①)

2.右拳隨前臂內旋提至左胸前，拳心向下，左拳變掌扶於右拳頂端。(圖五 21②)

3.右臂以肘尖為力點，向右側頂擊，左掌向右推助；頭向右轉；眼視右方。(圖五 21③)

五21①　　　　　五21②　　　　　五21③

要點：挺胸、立腰，發勁應短促有力。

練習方法：參照「衝拳」。

易犯錯誤：抬肘，聳肩。

糾正方法：練習時，注意屈臂抬平，鬆肩並下沉。

(二)、盤肘

動作含義：是以前臂和上臂夾擊對方頸部。屬攻擊性肘法。

動作做法:

1.兩腳左右開步站立;兩手握拳抱於腰間;眼視前方。(圖五 22①)

2.右臂向右側抬起成平舉,拳心向下;頭向右轉;眼視右拳。(圖五 22②)

3.右臂快速屈肘內挾。(圖五 22③)

五22①　　　　　五22②　　　　　五22③

要點: 挺胸、立腰、力達前臂。

練習方法: 參照「衝拳」。

易犯錯誤: 聳肩。

糾正方法: 練習時,注意肩部放鬆並下沉。

(三)、裡格肘

動作含義: 用前臂向內格擋對方的進攻。屬防守性肘法。

動作做法:

　　1.兩腳左右開步站立；兩手握拳抱於腰間；眼視前方。（圖五 23①）

　　2.右臂屈肘側舉，上臂與肩同高，拳面向上；眼視右拳。（圖五 23②）

　　3.右前臂外旋，向身體內側橫撥格擋，力達前臂內側。（圖五 23③）

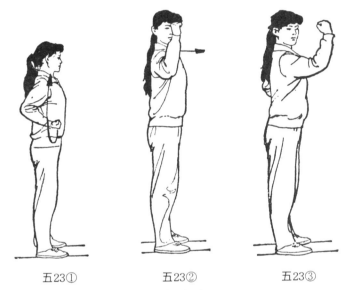

五23①　　　　　五23②　　　　　五23③

要點：挺胸立腰，發勁短促有力。

練習方法：參照「衝拳」。

易犯錯誤：不旋臂做成橫擺臂。

糾正方法：加強前臂內旋、外旋練習。

四、外格肘

與「裡格肘」相同，惟右前臂內旋，向身體外側橫撥格擋。（圖五 24①、②、③）

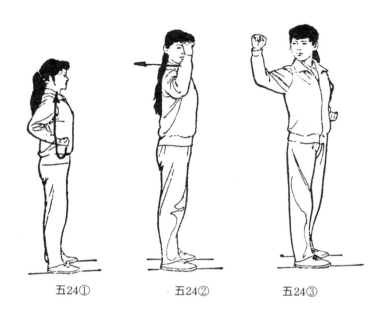

五24①　　　　　五24②　　　　　五24③

第二節　步型、步法和腿法練習

一、步型

已在第四章第三節的「四、站樁」中作過介紹，做不贅述。

二、步法

步法，有上步、退步，蓋步、插步、行步、擊步等。

㈠、上步

動作做法：

1.兩腳並步站立；兩手握拳抱於腰間；眼視前方。（圖五25①）

2.左（右）腳提起向前邁步。（圖五25②）

要點：直線上步，起、落要快而輕。

五25①

五25②

練習方法：

1.做上步成弓步或成其它步型的練習。

2.結合衝拳、推掌等手法進行練習。

易犯錯誤：步法不穩，落步重。

糾正方法：練習時，注意平穩移動重心。

（二）、退步

動作做法：與「上步」相同，惟向後退步。（圖五26①、②）

五26①

五26②

要點：直線退步，起、落要快而輕。

練習方法、易犯錯誤和糾正方法：均與「上步」相同。

㈢、蓋步

動作做法：

1.兩腳並步站立；兩拳抱於腰間；眼向前平視。（圖五 27①）

2.右腳提起，經左腳前向左側橫邁一步，成兩腿交叉。（圖五 27②）

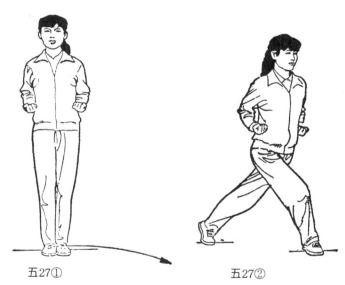

五27①　　　　　　　　　五27②

要點：起、落步要快而輕。

練習方法：可結合「擺掌」等手法進行練習。

易犯錯誤：落步重。

糾正方法：練習時，注意以腳跟先著地，逐漸過渡到全腳著地。

㈣、插步

動作做法：與「蓋步」同，惟右腳經左腳後向左後邁步。（圖五 28①、②）

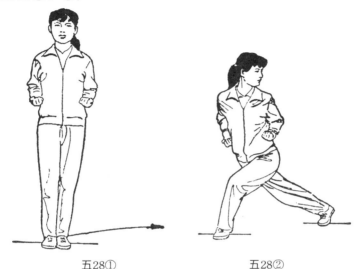

五28①　　　　　　　　五28②

要點、練習方法、易犯錯誤和糾正方法：均與「蓋步」相同。

㈤、行步

動作做法：

1.兩腳並步站立；兩拳抱於腰間；眼向前平視。（圖五 29①）

2.兩腿微屈膝，右、左腳依次向側前行步，步幅要均勻。（圖五 29②、③）

要點：行走要穩、輕、快，保持平穩，不要有起伏。

練習方法、易犯錯誤和糾正方法：均與「蓋步」相同。

五29①

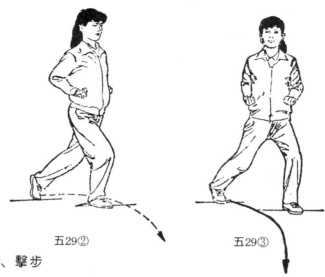

五29②　　　　　五29③

(六)、擊步

動作做法：

1.兩腳並步站立；兩拳抱於腰間。(圖五30①)

2.左腳向前上步，右腳提起；上體略前傾。(圖五30②)

五30①

五30②

3.左腳蹬地跳起，在空中右腳向前擊碰左腳跟。（圖五 30③）

4.右、左腳依次落地。(圖五 30④)

五30③

五30④

要點：在空中時，上體要保持正直，側對運動方向。

練習方法：可結合「挑掌」等手法進行練習。

易犯錯誤：在空中身體歪斜。

糾正方法：先練習兩腳併攏的原地縱跳，注意保持全身的適度緊張；然後再練行進中的完整動作，頭部要上頂。

三、腿法

分直擺性腿法、屈伸性腿法和掃轉性腿法。直擺性腿法是指一腿直立支撐，另一腿直腿踢擊對方；屈伸性腿法是指一腿直立支撐，另一腿由屈到伸，以腳踢踹對方；掃轉性腿法是指一腿支撐爲軸，另一腿掃踢對方。以下介紹幾種常用的腿法，其中㈠、至㈥屬直擺性腿法，㈦至㈨屬屈伸性腿法，㈩、㈪屬掃轉性腿

法。

㈠、正踢腿

動作含義：是以腳前掌向前、向上踢擊對方。屬攻擊性腿法。

動作做法：

1.兩腳並步站立；兩臂側平舉（或兩手叉腰），立掌向兩側平撐；眼視前方。（圖五31①）

2.左腳向前上步，左腿伸直支撐，右腳跟提起，上體略向前傾。（圖五31②）

五31①　　　　　　　　五31②

3.右腿伸直，腳尖勾緊快速有力地向前額處踢起。（圖五31③）

4.右腿保持適度緊張向前下落，腳尖繃直，以前腳掌領先輕輕落地。（圖五31④）

要點：挺胸，收腹，立腰，直腿，勾腳尖，踢時快速有力。

練習方法：

五31③　　　　　　　　　五31④

1.先做壓腿練習。

2.手扶一與肩同高的支撐物（肋木、樹幹等），進行原地踢腿練習，體會動作要點。速度由慢到快。

3.行進間左、右低踢腿練習。按動作做法的順序，沿直線進行，上左腳，踢右腿；上右腳，踢左腿。

4.行進間左右高踢腿練習。

易犯錯誤：

1.低頭弓腰。

2.踢腿速度緩慢無力。

糾正方法：

1.練習時，注意上體正直，頭上頂，不要俯身探頭去夠腳尖。

2.多做手扶支撐物的踢腿練習，同時注意腳踢過腰時加速用力，快收腹。

（二）、斜踢腿（十字腿）

　　動作含義：與「正踢腿」相同。

　　動作做法：與「正踢腿」同，惟上踢腿是向身體導側上方呈斜線迅速踢起。(圖五32①、②、③、④)

　　要點，練習方法、易犯錯誤和糾正方法：均與「正踢腿」相同。

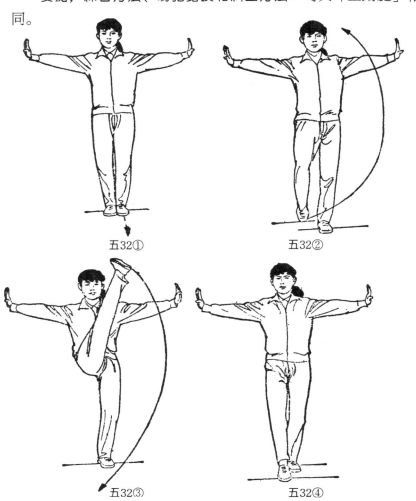

五32①　　　　　　　　　　五32②

五32③　　　　　　　　　　五32④

㈢、側踢腿

動作含義：與「正踢腿」同。

動作做法：

1.兩腳並步站立；兩掌分撐於體側。（圖五33①）

2.右腳向前上步，腳尖外擺，身體右轉，左腳腳尖勾起向左耳側踢起；同時，右臂上舉亮掌，左臂屈肘立掌於右胸前。（圖五33②、③）

五33①

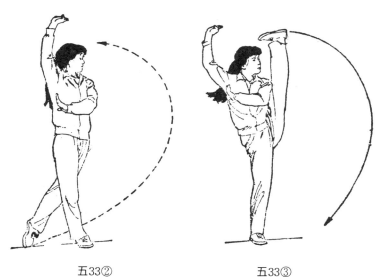

五33②　　　　　　五33③

3.左腳保持適度緊張下落，腳尖繃直，以前腳掌領先輕輕落地。(圖五33④)

要點：挺胸，立腰、開髖，側身。

練習方法、易犯錯誤和糾正方法：均與「正踢腿」相同。

（四）、外擺腿

動作含義：是以腳掌外側踢擊對方頭部，屬攻擊性腿法。

動作做法：

1.與「正踢腿」相同。（圖五34①）

五33④

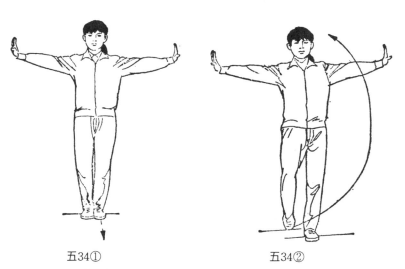

五34①　　　　　五34②

2.左腳向前上半步，左腿伸直支撐，右腳腳尖勾起，向左側上方直腿踢起，經臉前向右側直腿擺動，而後保持適度的緊張落

於體右側，腳前掌領先落地，迅速過渡到全腳著地。（圖五 34
②、③、④、①）

五34③　　　　　　　　五34④

要點：挺胸、立腰、展髖，外
擺腿速度要快，幅度要大。

練習方法：

1.至 4.參看「正踢腿」。

5.行進間左右外擺腿迎擊同側
手的練習。

易犯錯誤：弓腰，髖展不開，
影響外擺的幅度。

糾正方法：除做正壓，側壓腿
柔韌性練習外，可做抱膝外展髖等
練習，以提高關節的靈活性。

㈤、裡合腿

動作含義：以腳踢擊對方頭部。屬攻擊性腿法。

五35①

動作做法：

1.兩腳並步站立，兩掌分撐於體側。(圖五35①)

五35②

五35③

五35④

五35⑤

2.左腳向前上半步支撐，右腳腳尖勾起，向右側上方直腿踢起，經臉前向左側上方直腿擺動，而後保持適度的緊張下落，腳前掌領先著地。（圖五 35②、③、④、⑤）

要點：與「外擺腿」相同，惟髖向裡合。

練習方法、易犯錯誤和糾正方去：均與「外擺腿」相同。

㈥、單拍腳

動作含義：是以腳尖踢擊對方襠、胸、臉等部位。屬攻擊性腿法。

動作做法：

1.兩腳並步站立；兩臂側平舉。（圖五 36①）

五36①　　　　　　　五36②

2.左腳向前上半步，左腿伸直支撐，右腳腳面繃平，直腿向上擺踢（或由屈到伸向上彈擊）；同時，同側手掌心在額前擊拍腳面，而後，右腿保持適度緊張直腿落下，以腳前掌領先著地。（圖五 36②、③、④）

五36③　　　　　　　　　　五36④

要點：擊拍要準確、響亮、要挺胸、立腰、收腹。

練習方法：

1.先練踢擺不擊響，由低而高；再練踢擺擊響，加快踢擺速度。

2.行進間左右腿交替練習。

易犯錯誤：

1.低頭弓腰。

2.擊拍不響。

糾正方法：

1.練習時，注意上體正直，頭上頂。

2.腳面要繃平，擊拍要準確、快速。

(七)、彈腿

動作含義：是以腳尖或腳背向前彈踢對方膝、襠等部位。屬攻擊性腿法。

動作做法：

1.兩腳並步站立；兩手握拳抱於腰間；眼視前方。（圖五 37①）

2.左腳向前上半步，左腿伸直支撐，右腿屈膝提起，腳面繃平，提膝接近水平。（圖五 37②）

3.接著右腿迅速伸膝，以腳背為力點向前彈擊，高不過胸，低不過腰。而後右腿保持適度緊張、以腳前掌領先著地，迅速過渡到全腳著地。（圖五 37③）

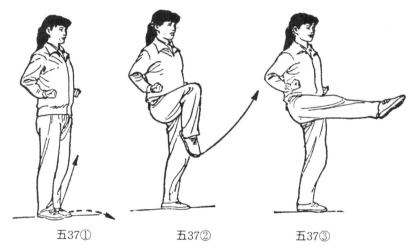

五37①　　　　　五37②　　　　　五37③

要點：挺胸、立腰、收髖，彈擊要快速有力。

練習方法：

1.原地提膝繃腳尖，做慢伸膝練習，體會動作路線及要點。

2.上步低彈腿練習，體會爆發用力。

3.行進間左右交替彈腿練習。

4.結合衝拳或推掌的行進間練習。

易犯錯誤：

1.屈伸不明顯，好似踢擺動作。

2.力點不清。

糾正方法：

1.練習時，注意一定要由屈到伸，腳面繃平。

2.注意收髖，挺膝。

㈧、蹬腿

動作含義： 是以腳跟為力點蹬擊對方膝、襠、軀幹等部位。屬攻擊性腿法。

動作做法： 與「彈腿」相同，惟腳尖勾起向前蹬擊，力達腳跟。（圖五 38①、②、③）

要點、練習方法、易犯錯誤和糾正方法： 均與「彈腿」相同，惟注意勾腳尖。

五38①　　　　五38②　　　　五38③

㈨、側踹腿

動作含義： 是以腳外側踹擊對方身體的某一部位。屬攻擊性腿法。

動作做法：

　　1.兩腳並步站立；兩拳抱於腰間。
（圖五 39①）

　　2.右腳經左腳前向左側蓋步，微屈
膝，腳尖外擺，左腿伸直；頭向左轉，
眼視左方。（圖五 39②）

　　3.右腿伸直支撐，左腿屈膝提起，
腳尖內扣，迅速伸膝，以腳跟爲力點向
左側上方踹擊；同時，上體右傾；眼視
左方。（圖五 39③）

　　要點：挺膝，展髖，力達腳跟，踹
擊要有寸勁。

練習方法：

　　1.一手扶一與腰同高的支撐物（如肋木、凳子等）做側踹練
習，體會上體側傾、起腿的動作路線及要點。

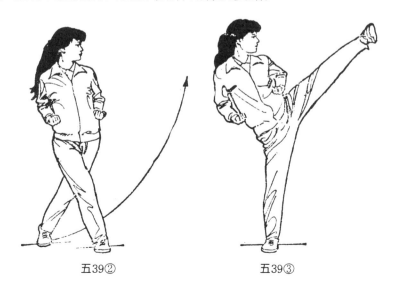

五39①

五39②　　　　　五39③

2.原地做低側踹腿練習，體會挺膝和爆發用力。

3.做行進間的左右交替側踹腿練習。

4.結合推掌等手法做行進間的左右交替側踹腿練習。

易犯錯誤：

1.站立不穩。

2.腳尖向上成側蹬腿。

糾正方法：

1.上體側傾與踹腿要協調，同時身體要保持適度緊張。

2.練習時，注意腳尖先勾起並內扣，再做向側踹擊動作。

㈩、前掃腿

動作含義：是以腳掌內側掃踢對方下肢，使之失去平衡摔倒。屬攻擊性腿法。

動作做法：

1.兩腳並步站立；兩臂垂於體側。（圖五40①）

五40①　　　　　　　　五40②

2.右腳向右側邁步，屈膝；同時身體右轉，右臂向右側前方抬起，左手向右臂上穿掌；目視右掌。(圖五 40②)

3.身體快速向左擰轉，隨轉體，左腳尖外擺，腳跟提起，屈膝全蹲，以前腳掌為軸向左碾轉，右腿平僕，腳尖內扣，腳掌貼地，直腿沿逆時針方向掃轉一周；同時，左掌向上橫架於頭部左上方，右掌向下；向後擺掌成勾手，勾尖向上。(圖五 40③、④、⑤)

五40③

要點： 穿掌、下蹲、轉體、掃腿要協調一致。注意以腰帶腿貼地掃轉一周，頭要保持正直。

練習方法：

1.做站立姿勢的掃腿練習，即上肢動作按動作要求做；左腿微屈，右腳掌貼地掃轉半周或一周，以體會旋轉時身體保持平衡的要領。

2.做單手或雙手的伏地前掃腿練習。

五40④

3.最後做完整的動作練習。

易犯錯誤：

1.身體重心不穩，左右傾倒。

2.腿掃轉緩慢，或者中斷。

糾正方法：

1.練習時，注意上體要挺胸，立腰並微向前傾，保持頭上頂。

五40⑤

2.左腳盡量外擺，右腳內扣，旋轉起動時以擰腰帶動掃腿，轉頭與掃腿動作銜接要連貫。

（十一）、後掃腿

動作含義：是以小腿後側向後掃轉擊打對方的下肢，使之失去平衡摔倒。屬攻擊性腿法。

動作做法：

1.兩腳並步站立；兩手垂於身體兩側。（圖五41①）

2.左腳向前上步，屈膝，右腿伸直成左弓步；同時，兩拳變掌向前推拳，掌指向上。（圖五41②）

五41①

五41②

五41③

五41④

3.左腳尖內扣，左腿屈膝全蹲，右腿僕平；上體向右擰轉並前俯；兩掌落於右膝前下方用力撐地，隨即以左腳前掌爲軸，右腳貼地向後掃轉一周。（圖五41③、④、⑤）

五41⑤

要點：轉體、俯身；手撐地要協調一致，上下肢不能脫節。

練習方法：

1.做轉體俯身手撐地的練習。掌握扶地的位置，注意俯身，撐腰要充分。

2.做站立姿勢的掃腿練習。即左腿微屈，右腳掌貼地掃轉半周或一周，上肢配合右擺，以體會轉體與掃腿的協調配合。

3.完整動作練習。

易犯錯誤：

1.掃腿的腳離地面。

2.掃腿動作緩慢，掃轉度數不夠。

糾正方法：

1.練習時，注意左腳尖內扣，重心微偏於左腿。

2.掃腿時，要借用撐腰、轉體和雙手撐地的慣性。

第三節　平衡練習

平衡，是指單腿支撐身體，一腿懸空，形成各種定勢造型的靜步姿勢。武術平衡動作極富民族特色，如望月平衡、扣腿平

衡、盤腿平衡等，造型別緻，頗具難度。平衡一般分持久性平衡和非持久性平衡，以及直腿性平衡（如燕式平衡）和屈蹲性平衡（如扣腿平衡）。根據武術競賽規則規定，持久性平衡要求平衡動作完成後保持兩秒鐘以上；非持久性平衡則沒有時間上的限制。下面是幾種常見的平衡動作。

一、燕式平衡

動作含義：是以腳掌撩擊對方襠部。屬攻擊性動作。

動作做法：

1.兩腳並步，屈膝半蹲；上體正直。兩手立掌交叉於胸前；眼視前方。（圖五42①）

2.左腿支撐，右腿向後擺，腳面繃直；上體前俯，抬頭；兩掌同時分向兩側成平舉；眼視前方。（圖五42②）

五42①　　　　　　　五42②

要點：兩腿要挺直，後舉腿要高抬，上體要挺胸、展腹、抬頭，腰脊形成反弓形。

練習方法：

1.做扶牆或肋木等進行後壓、後擺腿練習，以發展腰髖部肌

肉力量和柔韌性。

2.做豎叉向後仰身的練習。

3.手扶一定高度的支撐物，做後舉平衡練習，逐漸過渡到脫離支撐物的控腿練習，以提高腰背部的控制力。

4.做完整動作練習。

易犯錯誤：

1.支撐不穩。

2.後舉腿不高。

糾正方法：

1.支撐腿腳尖稍內扣，五趾抓地。

2.多做後壓、後擺腿練習。練習時，注意塌腰、伸膝、繃腳面。

二、望月平衡

動作含義：與「燕式平衡」相同。

動作做法：

1.兩腳並步站立；兩臂垂於體側；眼視前方。（圖五 43①）

2.右腳向左前方上步，兩腿屈膝交叉；兩手於胸前交叉，兩

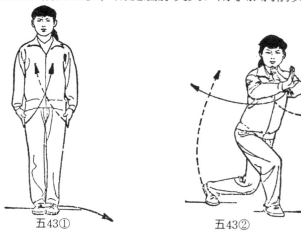

五43①　　　　　五43②

臂稍屈；上體稍前傾；眼視兩掌。(圖五 43②)

　　3.右腿伸直支撐，左腿向後上方擺起，小腿屈收，腳面繃緊；上體側傾並向右擰腰，兩手一起向兩側分開並抖腕亮掌，左掌略高於頭，臂稍彎曲，右掌略低於左小腿；頭向右轉，眼視右掌。(圖五 43③)

五43③

　　要點：挺胸、塌腰、擰身，支撐腿腳趾抓地站穩。

　　練習方法：與「燕式平衡」相同。

　　易犯錯誤：

　　1.站不穩。

　　2.含胸拱背。

五44①

　　糾正方法：

　　1.與「燕式平衡」相同。

　　2.練習時，注意挺胸、塌腰、擰身，上體側傾。

三、仰身平衡

　　動作含義：是以腳尖向前點擊對方。屬攻擊性動作。

　　動作做法：

　　1.兩腳並步站立；兩臂垂於體側；眼視前方。(圖五 44①)

　　2.左腿支撐，右腿屈膝提起，兩手成立掌於胸前交叉；眼視前方。(圖五 44②)

　　3.右腿伸膝，腳面繃緊向前點擊；上體後仰；兩掌分別向兩側直臂分開平舉，成仰身平衡。(圖五 44③)

五44②　　　　　　　　　　五44③

　　要點：兩腿伸直，支撐腿腳趾抓地。前舉腿和上體成水平。

　　練習方法：

　　1.做上體挺直的前控腿練習。

　　2.一手扶握一定高度的支撐物，做仰身舉腿練習，提高控制平衡能力。

　　3.在掌握好要點的基礎上，做完整的動作練習。

　　易犯錯誤：

　　1.站不穩。

　　2.前舉腿控制不住。

　　糾正方法：

　　1.前舉腿和仰身要協調一致，支撐腿腳趾抓地。

　　2.多做站立的前控腿練習。

四、側舉腿平衡

動作含義： 以腳尖彈擊對方軀幹以上部位。屬攻擊性動作。

動作做法：

1.兩腳並步站立；兩臂垂於體側；眼視前方。（圖五 45①）

2.右腳經左腳前向左蓋步支撐，左腿屈膝提起隨即向上伸膝舉腿；右掌向右、向上抖腕亮掌於頭上方，左臂上移屈肘護於右胸前；眼視左側。（圖五 45②、③）

要點： 挺胸立腰，舉腿的膝蓋要高於腰部。

練習方法：

1.做側高壓腿和側扳腿練習，發

五45①

五45②

五45③

展腿部的柔韌性。

2.一手扶握一定高度的物體，做控腿和耗腿練習。然後逐漸過渡到脫離支撐物的舉腿練習。

3.做完整的動作練習。

易犯錯誤：

1.站不穩。

2.弓腰、兩腿彎曲。

糾正方法：

1.支撐腿伸直，腳趾抓地，頭向上頂，全身保持適度的緊張。

2.練習時，注意挺胸，立腰，繃緊腳面。

五、探海平衡

動作含義：與「燕式平衡」相同。

動作做法：與「燕式平衡」相同，惟上體側傾並低於水平。（圖五 46①、②）

五46①　　　　　五46②

要點、練習方法、易犯錯誤和糾正方法：均與「燕式平衡」相同。

六、提膝平衡

動作含義：是以膝蓋向上頂擊對方襠、腹、胸等部位。屬攻擊性動作。分前提膝平衡和側提膝平衡。

動作做法：

1.兩腳並步站立；兩臂垂於體側；眼視前方。（圖五47①）

2.右腳向右開步伸直支撐，左腿屈膝提於胸前，腳面繃平內扣，上體挺胸，立腰；兩手叉腰；眼視左方。（圖五47②）

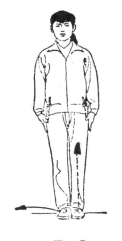

　　五47①　　　　　　　　　　五47②

要點：上體挺胸，立腰，頭上頂，支撐腿伸直，腳趾抓地。

練習方法：

1.原地屈膝抱腿練習。即屈膝提起，兩手抱住小腿，用力使大腿向腹部貼緊，膝向胸部靠近，以增加提膝高度。

2.原地提膝的控腿練習。

3.向左、右兩側跨步的提膝練習。提高提膝穩定性。

4.可結合手法進行提膝練習，如提膝上衝拳；提膝亮掌等。

易犯錯誤：

1.站不穩。

2.勾腳尖。

糾正方法：

1.練習時，注意支撐腿微屈膝，腳趾抓地。

2.注意屈膝、繃腳面。

七、盤腿平衡

動作做法：

1.兩腳並步站立；兩臂垂於體側；眼視前方。（圖五 48①）

2.右腳向右開步，屈膝半蹲；身體重心移至右腿，左腿屈膝提起，左腳盤放在右膝上；兩掌向兩側平分成側平舉；頭向右轉，眼視右側。（圖五 48②）

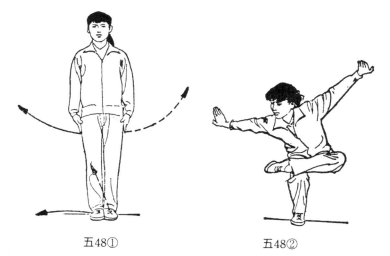

五48①　　　　　　　　　五48②

要點：支撐腿腳趾抓地，盤腿、分掌和轉頭要同時完成，挺胸、塌腰。

練習方法：

1.做兩腳並步屈膝半蹲的練習，發展腿的力量。

2.一手扶支撐物的盤腿練習，並控制一定時間，然後逐漸脫離支撐物。

3.做完整的動作練習。

易犯錯誤：

1.站立不穩。

2.弓腰、含胸。

糾正方法：練習時，注意支撐腿腳趾抓地，頭向上頂。

八、扣腿平衡

動作與「盤腿平衡」相同，惟盤腿的腳尖勾起扣於支撐腿的膝窩處。（圖五 49①、②）

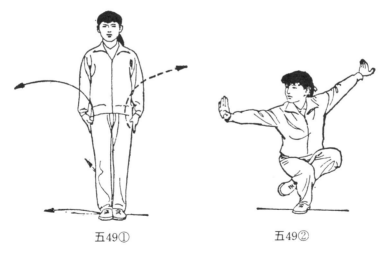

五49①　　　　　五49②

第四節　　跳躍練習

跳躍，是指一腿或兩腿蹬地向上跳起，使身體騰空，在空中完成各種手法、腿法等動作的種類較多，一般分直體跳躍、轉體

跳躍和旋翻跳躍等。下面介紹幾種常
見的跳躍動作。

一、騰空飛腳

動作含義： 是以腳尖在空中彈擊
對方軀幹以上部位。屬攻擊性動作。

動作做法：

1.兩腳並步站立；兩臂垂於體
側；眼視前方。（圖五50①）

2.右腳向前上步，膝關節伸直，
以腳後跟著地；上體稍後仰；同時，
兩臂自然後擺。（圖五50②）

3.右腳踏實蹬地向上跳起，左腿
隨之向上擺起，膝關節彎曲；同時兩

五50①

臂向上擺起，右掌以掌背碰擊左掌心；眼向前平視。（圖五50
③）

4.身體向上騰起；右腿挺膝向前上方踢擺，腳面繃平，左腿
屈膝回收，腳面繃平；同時，左掌直臂擺至身體左上方，右掌拍
擊右腳面；眼視右腳。（圖五50④）

5.左、右腳依次落地。（圖五50⑤）

要點：

1.起跳腿要充分蹬伸，上體後傾要伴隨向前送髖，同時注意
提氣、立腰、向上頂頭，兩臂快速上擺。

2.在空中要收髖、收腹、上體稍前傾。

3.落地時，要用前腳掌先著地，然後過渡到全腳，隨之屈
膝、屈髖加以緩衝。

練習方法：

五50②

五50③

五50④

五50⑤

1.做原地或上步的拍腳練習。主要提高擺腿的速度和擊響的準確性。要求上體保持正直，擊響腿速度要快，擊響點不低於肩部。

2.做原地或上步的蹬地起跳，兩掌協同上擺在頭上做擊響動作的練習，上步步幅要適中，蹬地要迅速有力。

3.上步騰空飛腳動作練習。

4.結合擊步或踏步等步法進行騰空飛腳練習。

易犯錯誤：

1.起跳後上體過於前傾，彎腰，坐臀。

2.落地時身體後仰。

糾正方法：

1.多做行進間的單拍腳練習。練習中注意挺胸、立腰、斂臀，支撐腿伸直。

2.空中造型的瞬間，注意身體不可突然放鬆，要特別注意收緊腹肌，眼看擊拍腳。

二、騰空箭彈

動作含義：與「騰空飛腳」相同。

動作做法：

1.兩腳並步站立；兩臂垂於體側；眼視前方。（圖五 51①）

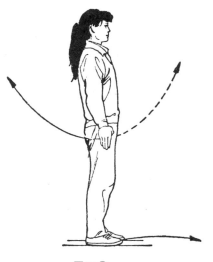

五51①

2.右腳向前上步，膝關節伸直，以腳後跟著地；左臂前擺，右臂後擺；眼視前方。（圖五 51②）

　3.右腳踏實蹬地向上跳起，左腿隨之向前、向上擺起；同時，右掌從後經腰側向前推掌，左掌回收至腰左側；眼視右掌。（圖五 51③）

五51②　　　　　　　　　　五51③

五51④　　　　　　　　　　五51⑤

4.身體向上騰起；右腿挺膝向前上方彈踢，腳面繃平，左腿屈膝回收；右掌回收至腰右側，左掌向前推出；眼視左掌（圖五51④）

左、右腳依次落地。（圖五51⑤）

要點、練習方法、易犯錯誤和糾正方法：均與「騰空飛腳」相同。

三、騰空蹬踢

動作含義：是以腳跟在空中蹬擊對方軀幹以上部位。屬攻擊性動作。

動作做法：與「騰空箭彈」相同，惟在空中時，右腿屈膝向前蹬伸，腳尖勾起。（圖五52①、②、③、④、⑤）

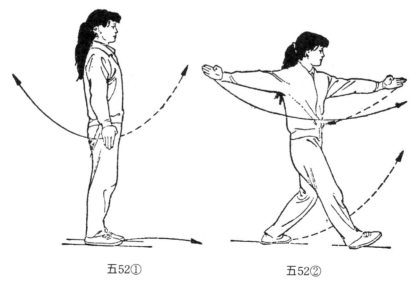

五52①　　　　　　　　五52②

要點、練習方法；易犯錯誤和糾正方法：均與「騰空箭彈」相同。

五52③

五52④

五52⑤

四、騰空雙飛腳

動作含義：與「騰空飛腳」相同。

動作做法：

1.兩腳並步站立；兩臂垂於體側；眼視前方。（圖五 53①）

2.左腳向前上一步，右腳向前跟進一步，兩腿屈膝半蹲；兩臂後擺於體後。（圖五 53②）

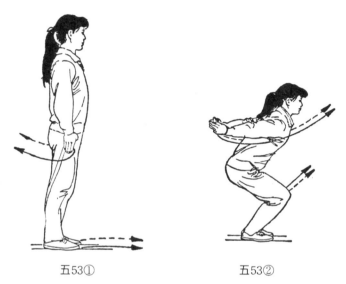

五53①　　　　　　　　五53②

3.兩腳蹬地向上跳起，兩腿屈膝，腳面繃平；同時，兩臂向上擺起，身體騰空。（圖五 53③）

4.在空中，兩腳一起向前彈踢，兩手擊拍兩腳面，上體稍前傾。（圖五 53④）

5.兩腳以前腳掌領先著地，然後過渡到全腳，並屈膝，屈髖緩衝。

要點：

1.起跳時，要充分蹬伸踝、膝、髖關節，同時注意提氣、立腰、頭上頂、兩臂快速上擺。

2.在空中要收髖、收腹，兩腿與地面平行，兩腳分開不得超過兩肩的寬度，上體稍前傾。

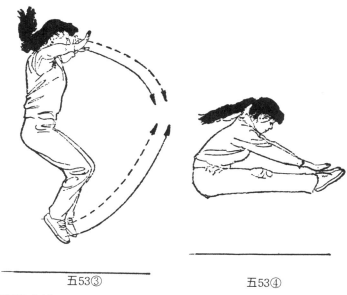

圖五53③　　　　　圖五53④

練習方法：

1.先做仰臥兩頭起練習。動作做法是身體仰臥，兩臂上舉，兩腿併攏伸直，腳面繃直。然後迅速收腹抬上體和舉兩腿，以臀部著地，兩手觸腳背。（圖五53⑤、⑥），然後還原。如此反覆練習，以增加腰腹力量和身體的協調能力。

2.做原地屈膝抱腿跳練習（圖五53⑦），以體會蹬伸踝、膝、髖及收髖、收腹的動作要點。

3.在以上兩種輔助練習後，開始進行完整動作的練習。

易犯錯誤：

1.上體過於前傾。

2.落地時身體後仰。

五53⑤

五53⑥　　　　　　　　　　五53⑦

糾正方法：

　1.練習時，注意起跳與提氣相配合，要立腰、向上頂頭，兩腿盡量向上，向前擺。

　2.落地時，注意以兩腳掌領先著地，身體保持適度緊張。

五、騰空側踹

　　動作含義：是以腳外側在空中踹擊對方軀幹以上部位。屬攻擊性動作。

　　動作做法：

　　1.兩腳並步站立；兩臂垂於體側，眼視前方。（圖五 54①）

　　2.右腳經左腳前向左上步，身體向左轉約 90°，兩腿屈膝，左腳跟抬起；同時，右手向前下方插出，左臂屈肘於胸前；眼視右手。（圖五 54②）

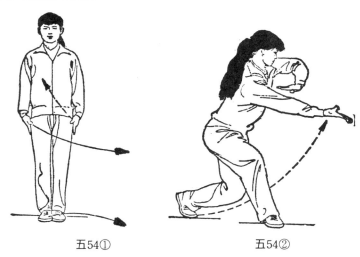

五54①　　　　　　　　　　　五54②

　　3.身體前移，右腳蹬地向上跳起，左腿屈膝上提；兩手也隨之上擺。（圖五 54③）

　　4.在空中，左腿伸膝向左踹出；同時，左掌向左側橫掌擊出，右手變拳抽回至右胸前，上體向右側傾；眼視左側。（圖五 54④）

　　5.身體上落，右、左腳依次落地。（圖五 54⑤）

　　要點：起跳時，注意充分蹬伸踝、膝、髖，頭向上頂，側踹與側身要協調一致。

五54③

五54④　　　　　　　　五54⑤

練習方法：

　1.做原地側踹腿練習，以掌握正確的側踹腿要領。

　2.原地屈腿跳練習，如圖五 54③，以體會起跳時的伸踝、

膝、髖和收腹動作，提高彈跳高度。

3.手扶支撐物的騰空側踹腿練習，以便掌握正確的空中造型。

4.完整的動作練習。

易犯錯誤：空中凸臀，身體鬆懈。

糾正方法：練習中，注意挺胸、展髖、伸膝和兩臂外撐內拉動作，也可多做手扶支撐物的騰空側踹練習。

六、騰空外擺蓮

動作含義：是以腳外側在空中橫擊對方軀幹以下部位。屬攻擊性動作。

動作做法：

1.兩腳並步站立；兩臂垂於體側；眼視前方。（圖五 55①）

2.右腳向前上步，腳跟著地，腳尖外擺，左腳跟提起，上體略右轉；同時，右臂後擺，左臂前擺。（圖五 55②）

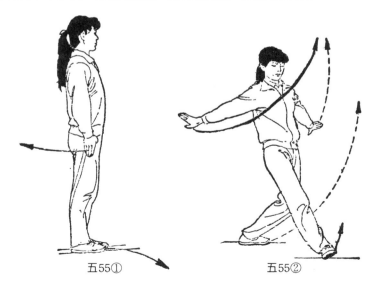

五55①　　　　　五55②

3.右腳蹬地向上跳起，左腿向右上方踢擺；兩手隨之上擺於頭上方擊響，身體騰空繼續向右旋轉。（圖五55③）

4.在空中，左腿屈膝，右腿向上、向右擺踢；同時，兩手先左後右地拍擊右腳面；上體稍前傾；眼視兩手（圖五55④）。然後左、右腳依次落地或雙腳同時落地。

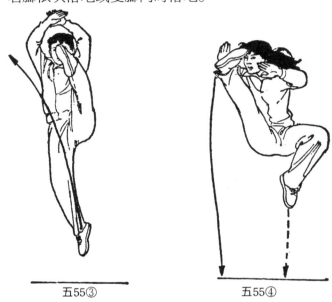

五55③　　　　　五55④

要點：

1.右腳踏跳時，注意腳尖外擺，膝關節微屈。

2.起跳時，泣意右腿充分伸展踝、膝、臗關節，左腿用力裡合扣擺。

3.在空中，有腿用力向上經臉前向右做扇形擺動，兩手於臉前擊拍右腳面。擊響要準確、響亮。

4.整個動作過程中，要注意起跳、撐腰、轉體、左腿裡合、右腿外擺協調進行。

練習方法：

1.做左腳裡合，向右轉體接右腿外擺並擊響的組合練習（圖五 55①、⑤、⑥），以提高轉體中擺腿能力和擊拍的準確性。

2.轉體跳練習。方法是上右步起跳，左腿向右上方擺動，同時兩手上擺於頭上方擊響；身體向右轉 360°（圖五 55①、⑦），以體會踏跳技術，提高踏跳力量和空中的轉體能力。

3.做完整的動作練習。

4.結合擊步、踏跳步等步法的騰空擺蓮練習。

五55⑤　　　　　　五55⑥　　　　　　五55⑦

易犯錯誤：

1.弓腰、轉體不夠。

2.右腿彎曲，外擺幅度小。

糾正方法：

1.多做轉體跳練習。練習中，注意立腰，頭向上頂。

2.做原地的和行進間的外擺腿練習。練習中，注意右腿要盡量外擺，幅度越大越好，提高髖關節的靈活性。

七、旋風腳

動作含義：同騰空外擺蓮。

動作做法：

1.兩腳並步站立；兩臂垂於體側，眼視前方。（圖五 56①）

2.左腳向前上步，身體右轉；左手前擺，右臂伸直向後擺。（圖五 56②）

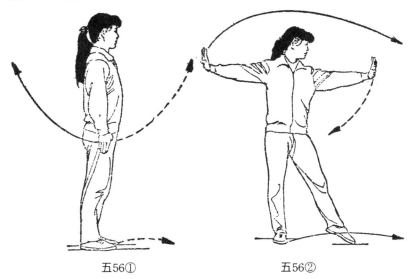

五56①　　　　　五56②

3.身體向左轉並前俯，右腳向前上步，屈膝，腳尖內扣著地，準備起跳；左手下擺屈肘於右胸前，右臂向上、向前掄擺。（圖五 56③）

4.身體右移，右腿蹬地向上跳起，左腿屈膝提起向左後上方擺動；上體隨之向左上方擰轉，兩臂向下、向左上方掄擺。（圖五 56④）

五56③　────→　五56④　────

5.在空中，身體旋轉一周；同時，右腿向上、向左裡合踢擺，左掌在臉前迎擊右腳掌。（圖五 56⑤）

6.左、右腳依次或同時以腳前掌領先落地。

要點：

1.起跳時，要充分蹬伸髖、膝、踝關節，隨即擰腰、向上頂頭。

2.掄臂、起跳、轉體、裡合腿等環節要配合協調。身體的旋轉不得少於 270°。

練習方法：

1.原地或行進間的轉體裡合腿練習（圖五56①、⑥、⑦）。主要提高擺腿與轉體的速度和擊響的準確性。

2.踏跳轉體練習。（圖五 56⑧、⑨）

3.在掌握以上練習的基礎上，可進行完整的動作練習。

4.結合擊步、墊步等步法做旋風腳練習。

易犯錯誤：

1.上下肢配合不協調，轉體度數不夠。

五56⑤

五56⑥

五56⑦

2.跳起後弓腰、坐胯，上體後仰。

糾正方法：

1.多做轉體跳練習。練習時，注意上下肢的配合。

2.做轉身左外擺腿接裡合腿的腿法練習。練習時注意立腰、撥頂、伸膝。

3.做左腿提膝；右腿起跳轉體360°的練習。練習時，注意右腳踏跳時上體向前俯身和向上翻轉動作不可過大，上體要保持正直，頭向上頂，眼平視前方。

五56⑧　　　　五56⑨

八、旋子

動作做法：

1.兩腳並步站立；兩臂垂於體側；眼視前方。（圖五57①）

2.身體右轉，左腳向左邁步，兩手向右平擺。(圖五 57②)

3.上體前俯並向左後上方擰轉；兩臂隨身體平擺；同時，右腿向後上方擺起，左腿蹬地，相繼向後上方擺起，使身體在空中平旋一周。(圖五 57③、④、⑤)

五57①

五57②

五57③

要點：蹬地、轉頭、甩腰、擺臂以及擺腿幾個環節要協調配合，身體在空中俯身要平。

五57④

五57⑤

練習方法：

1.做原地燕式平衡練習，以解決擺腿的伸直高度和身體成反弓狀的空中造型。

2.左腳上步向左撐腰、擺臂和接右腿擺起要形成燕式平衡狀，以解決撐腰、擺臂和撩腿的協調配合。

3.保護與幫助練習。保護者左手抓住練習者的左手腕或上臂，右手托住練習者的腹部，在練習者起跳旋轉時，給予向上和旋轉的助力，以助練習者正確掌握動作。

4.做完整的動作練習。

5.結合墊步等步法做旋子練習。

易犯錯誤：凸臀、彎腿和低頭。

糾正方法：

1.手扶肋木或牆做後撩腿的練習。要求抬頭、挺胸、展胯、挺膝、繃腳面。

2.多做原地旋轉的燕式平衡練習。

九、大躍步前穿

動作含義：

設對方向我下盤擊來，我速向前躍步閃躲，同時右手向左挂防。

動作做法：

1.兩腳並立；兩臂垂於體側；眼平視前方。（圖五 58①）

2.左腳向前上步，身體重心前移，右腳跟抬起；右手向左側下挂，左手向後擺；眼視左方。（圖五 58②）

3.左腳用力蹬地向前躍出，右腿屈膝用力前擺；身體向右轉；兩手向前、向上擺起；眼視右手。（圖五 58③）

4.右腳先落地；上肢動作不變。（圖五 58④）

要點：擺臂與蹬跳要協調一致。要求跳得高，躍得遠，在空中挺胸、抬頭、展體，落地要輕而穩。

五58① 五58② 五58③ 五58④

練習方法：

1.先做走步式的躍穿動作，體會臂和腿的運動方向和路線。

2.不加手法的躍步練習，體會蹬地提擺動作。

3.做完整的動作練習。

易犯錯誤：

1.上下肢動作配合不協調。

2.縱跳不高，前躍不遠，空中未展體。

糾正方法：

1.多做走步式的躍穿動作，以提高上下肢體的協調配合。

2.蹬地時，注意提氣、立腰、向上頂頭。在空中，要注意挺胸、抬頭、展體。

第五節　跌撲滾翻練習

跌撲滾翻，即身體倒地後完成的摔、滾、翻等各種動作。在對抗中，當身體失去平衡時，可根據當時情況採用跌撲的方法進行攻擊或自我保護，化險為夷。通過跌撲滾翻練習，可提高人體前庭器官的穩定性。下面介紹常見的幾種。

一、前滾翻

動作含義：在對抗中，身體向前失去平衡時，使用前滾翻進行自我保護，或利用熟練的滾翻技術接近對方，伺機進行地躺打法。

動作做法：

1.兩腳並步站立；兩臂垂於體側；眼平視前方。(圖五 59①)

2.兩腿屈膝下蹲，身體前俯；兩手扶地；眼視前下方。(圖五 59②)

3.兩腳蹬地，身體蜷屈成圓形，低頭，以頭後、肩、背、臀

依次向前滾翻；然後，兩腳著地迅速站起。(圖五 59③、④)

五59①

五59②

五59③

要點：翻滾時，含胸、收腹，起身迅速。

練習方法：

1.慢做前滾翻練習。體會低頭、含胸、收腹的動作要領。

2.保護幫助練習。保護者在練習者體側，送滾翻時用一手推練習者腰部以助其滾翻。

3.完整的動作練習。

易犯錯誤：團身不緊，滾翻速度慢。

糾正方法：滾翻時，注意收下頦、含胸、收腹，將身團緊。

二、搶背

動作含義： 同前滾翻。

動作做法： 同前滾翻，惟右腳蹬地向前騰起，而後，以肩、背、臀依次著地向前滾翻。(圖五60①、②、③)

五60①

五60②

五60③

要點、練習方法、易犯錯誤和糾正方法： 同前滾翻。

三、後滾翻

動作含義：在對抗中，身體向後失去平衡時，使用後滾翻動作進行自我保護，或誘敵深入，借向後滾翻之機，以腳向上蹬踢對方的襠、腹部位。

動作做法：

1.兩腳並步站立；兩臂垂於體側；眼平視前方。(圖五 61①)

2.兩腿屈膝全蹲；身體後仰；同時，兩臂屈肘，兩手上移至肩上、手心向上。(圖五 61②)

3.以臀、背、肩、頭依次著地向後滾翻，隨即兩腳著地迅速

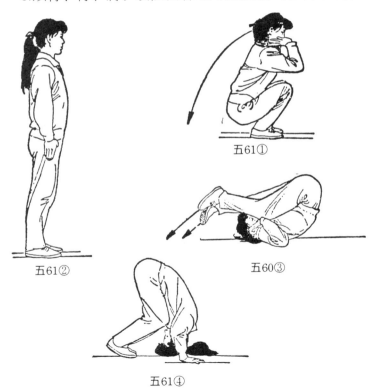

五61①

五61②

五60③

五61④

站起。（圖五 61③、④）

　　要點、練習方法、易犯錯誤和糾正方法：同前滾翻。

四、栽碑

　　動作含義：在對抗中，身體前傾失去平衡時，使用栽碑動作，達到自我保護的目的。

　　動作做法：

　　1.兩腳並步站立；兩臂垂於體側；眼視前方。（圖五 62①）

　　2.兩手握拳，屈臂置於胸前，拳與口同高；兩腳跟提起；眼平視前方。（圖五 62②）

　　3.身體挺直向前倒下。著地時，以兩前臂和兩拳的拳輪同時撐地，兩肘約屈成 90°。（圖五 62③、④）

五62①　　　　　　五62②

　　要點：前倒時，頭頸上頂，臀部上提，兩腿挾緊，腰背肌不能放鬆，要使整個身體挺直。

　　練習方法：

　　1.保護練習。保護人站在練習者的側前位置，當練習者前倒

時，保護者用兩手托住其胸部或手腕、前臂、以減慢其前倒速度。有助於練習者體會動作要領。

　　2.先面對牆或在軟墊上做挺身前倒練習。隨著身體素質的提高和要領的掌握，可逐漸將物體降低或去掉軟墊。

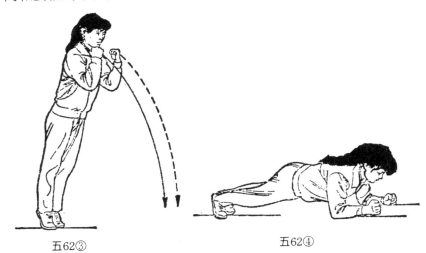

五62③　　　　　　　　　　　　　五62④

　　易犯錯誤：

　　1.由於害怕心理，致使前倒時凸臀、彎腿。

　　2.倒地後，造型動作鬆懈。

　　糾正方法：多做保護幫助練習，以體會頭頸上頂、臀部上提、兩腿挾緊，腰背肌收緊的正確動作要領。

五、鯉魚打挺

　　動作含義：是倒地後快速起身的方法之一。目的是起身迅速，以利於快速作出進攻或防守反擊的選擇。

　　動作做法：

　　1.身體仰臥。（圖五 63①）

　　2.兩腿伸直向上舉起，兩掌扶於兩大腿上。（圖五 63②）

3.挺胸、挺腹、頭頂地；同時兩手上推助力，兩腿向斜上方快速擺動，使身體騰空躍起。然後，兩腳同時落地站立。(圖五63③)

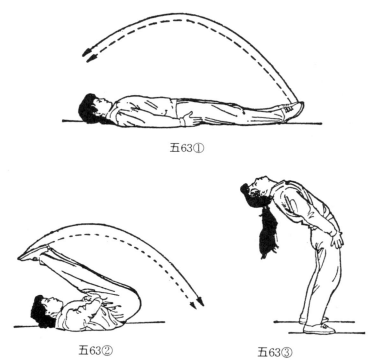

五63①

五63②　　　　　　五63③

要點：兩腿擺動與挺腹要協調一致；兩腳分開一般不超過兩肩的寬度。

練習方法：

1.做前後甩腰練習，增加腹肌力量。

2.保護練習。保護者蹲在練習者體側，一手拉住練習者的手，另一手在其擺腿時，隨之上托其後背，以助正確掌握動作。

3.完整的動作練習。

易犯錯誤：打腿後收髖。

糾正方法：多做保護與幫助練習，重點體會和掌握抬頭、挺胸、展腹、送髖的動作要領。

六、撲地蹦

動作做法：身體俯臥於地上，手掌撐地，兩臂屈肘約 90°，兩腿伸直以腳尖著地蹦跳，同時兩手推地，以頭部爲圓心，使整個身體微離地面向上蹦跳。要求向左或向右蹦跳一周。（圖五64）

五64

要點：蹦跳要輕快，轉動要迅速，臀部不得凸起，胸部和兩腿均不要著地。

練習方法：

1. 做原地俯臥撐的蹦跳練習。

2. 同伴抬著雙腳，做兩臂推撐的蹦跳練習。

3. 做完整的動作練習。

易犯錯誤：

1. 蹦跳時臀部凸起。

2. 蹦跳轉動緩慢。

糾正方法：

1.注意兩腿併攏，腰背肌和臀大肌收緊。

2.加強臂和腰背的力量練習。

七、撲虎

動作含義： 設對方摔倒在地，我以餓虎撲食之勢向對方躍去，用兩拳或兩肘向下砸擊對方。

動作做法：

1.兩腳並步；兩臂垂於體側；眼視前方。（圖五 65①）

2.兩腿屈膝半蹲；兩臂後擺；眼視前方。（圖五 65②）

3.兩腿蹬地躍起；同時，兩臂向前上方擺動，使身體向上、向前、向下撲出。（圖五 65③）

4.兩掌先著地，隨即屈肘使胸、腹、大腿依次滾動緩衝著地。（圖五 65④）

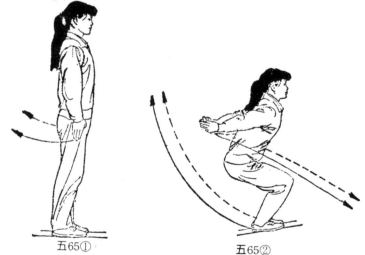

五65①　　　　　　五65②

要點： 跳起要高，落地要輕，手、胸、腹、腿著地必須有序地滾動完成，兩腿分開不超過兩肩的寬度。

練習方法：

五65③　　　　　　　　　　　五65④

1.做俯臥撐或靠牆的手倒立推撐練習，以增加臂力。

2.做手倒立，然後屈肘使胸、腹、大腿、膝依次著地的滾動練習。

3.在軟墊上做跳起手撐地擺腿練習，然後連起來進行完整的動作練習。

4.最後過渡到離開軟墊的完整動作練習。

易犯錯誤：跳起後凸臀，落地時形成平摔。

糾正方法：

1.凸臀往往是由於臂力不足而引起的害怕心理所致，所以應加強臂力練習和保護與幫助練習。在進行保護與幫助練習時，保護者站在練習者體側，在其撲落時，保護者用手托住其胸腹部，使其減速緩衝著地。

2.兩手觸地時，要注意挺胸、展腹，以及身體各部位著地的順序。

八、仰摔

動作含義：在對抗中，身體向後失去平衡時使用仰摔技術，以利於自我保護。

動作做法：

1.兩腳並步站立；兩臂垂於體側；眼視前方。（圖五66①）

2.左腿支撐，右腿屈膝提起；上體含胸收緊，兩手抱於胸前；眼視前方。（圖五66②）

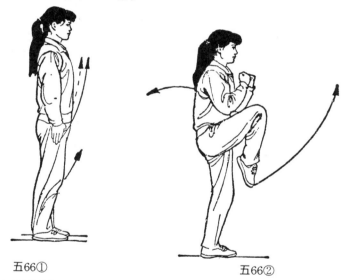

五66①　　　　　　　　五66②

3.左腿屈膝，右腳前伸；上體後倒，下頦收緊，以肩背部著地，同時兩臂向兩側伸開擊地。（圖五66③、④）

要點：下頦收緊，挺髖，展腹。

練習方法：

1.保護幫助練習。保護者站立在練習者身後，當其後摔時，兩手前伸托其肩部並隨之緩緩下落。

2.墊上練習。體會和掌握動作要領。

五66③

3.做完整的動作練習。

易犯錯誤：

1.倒地時身體鬆懈。

2.後腦觸地。

糾正方法：後摔時，要特別注意全身不得放鬆，肩、背部觸地時，要緊收下頦，同時挺腹、展髖、伸左腿。

五66④

九、側摔

動作含義：對抗中身體向側失去平衡時，運用側摔技術，以便自我保護。

動作做法：

1.身體正直，並步站立。（圖五67①）

2.右腳向左側擺腿，左腿屈膝，腳跟稍提起，身體向右側傾

並向右轉；同時，右手向右上方伸臂；眼看右手。（圖五67②）

　　3.身體向右側摔倒，左腿屈蹲；同時，以右前臂和左手撐地，使臀部懸空；眼視右側。（圖五67③）

　　要點：側摔時，全身保持適度緊張，注意以右前臂內側和左掌同時著地。

　　練習方法：

　　1.先在墊上做右腳左擺前伸，身體右轉下跌，同時右手向右側伸臂的練習。

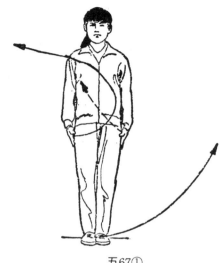

五67①

五67②

　　2.在墊上做完整動作練習，以掌握動作要領，然後脫離墊子在地上練習。

五67③

易犯錯誤：側倒時臀部著地。

糾正方法：將側摔的結束姿勢（圖五 67③）提出來，進行身體放鬆和緊張的專門練習，體會展腹、挺髖、伸右腿等技術要領和正確的身體姿勢。

十、盤腿跌

動作含義：同側摔。

1. 並步站立；兩臂垂於體側；眼視前方。（圖 68①）

2. 右腳向左前上步蹬地跳起，左腿蹬地向左側上擺，上體向

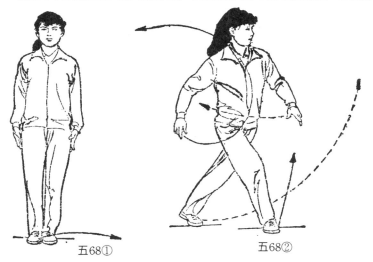

五68①　　　　　　　　　五68②

右側傾斜；同時，兩臂向上、向右擺起，使身體在空中成側臥姿勢。（圖五 68②、③）

五68③

3.隨即以整個身體的右側面落地。（圖五 68④）

五68④

要點：從空中跌落時，必須使右臂右側、上體右側、右腿外側和左掌心同時著地，以增加身體與地面的接觸面積，防止損傷。

練習方法：先做不跳起的側倒墊上練習，待身體素質提高和掌握了要領後，再逐漸增加跳跌高度的完成動作，最後脫離墊子完成動作。

易犯錯誤：身體右側各部位不同時著地。

糾正方法：多做墊上的原地摔跌動作，注意身體要保持適度緊張，在掌握身體右側能平整落地的基礎上，再過渡到跳跌，最後離開墊子在地上練習。

十一、烏龍絞柱

動作含義：設對方乘我倒地之機，企圖向我進攻時，我則以兩腿的掃動擊打對方，並借勢向上絞腿迅速起身，伺機而動。

動作做法：

1.左腿屈膝貼地，右腿伸直，兩手於體左側扶地。（圖五 69①）

2.身體稍後仰，右手離地；同時右腿伸直從右向左用力平掃。（圖五 69②）

五69①

五69②

3.右腿繼續平掃，隨之上體向後翻仰，左腿也相繼向左上方掃舉，使兩腿在空中相絞。（圖五 69③）

4.雙手扶地上推，頭配合上頂，使身體成倒立狀。（圖五 69④）

五69③　　　　　　　　　五69④

5.上動不停。隨即收腹、收胯、右腳、左腳相繼落地成站立姿勢。（圖五 69⑤、⑥）

要點： 立腰、頂肩、頂頭、推臂要協調配合。

練習方法：

1.先做肩臂倒立練習。

2.做腰背著地的兩腿掃舉相絞動作練習。練習時，掃腿的幅度要大。

3.逐步使腰背離開地面、腰、腿向上舉起。

4.做完整的動作練習。

易犯錯誤：

　　1.掃腿的幅度小，不利於絞腿加速。

　　2.腰背的頂力和兩臂的推力不足，導致腰背不能離開地面。

　　糾正方法：注意加大掃舉腿的幅度和速度，並以肩頸部位著地，同時協調配合腰背上頂及兩臂上推。

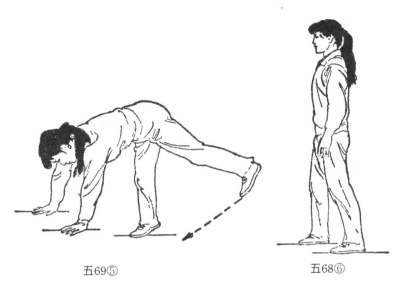

五69⑤　　　　　　　　　五68⑥

十二、側空翻

　　動作做法：

　　1.兩腳並步站立；兩臂垂於體側；眼視前方。（圖五70①）

　　2.左腳向左上步蹬地跳起，右腿向後上擺起；同時上體向左側傾，使身體在空中向左側翻轉。然後右腳、左腳相繼落地。（圖五70②、③、④、⑤、⑥）

　　要點：兩腿伸直，翻轉要快，落地要輕。

　　練習方法：

　　1.先面對一定高度的物體，練習蹬地（左腳）、擺腿的配合。

五70①　　　　　　　　五70②

五70③

　　2.做兩手撐地的側手翻練習。逐漸過渡到單臂撐地的側翻練習。

　　3.保護幫助練習。保護者站立在練習者後側，待其蹬地跳起時，用手或前臂托其腰部，幫助在空中翻轉。逐步脫離保護。

　　4.從高處向低處做側空翻練習，高度一般在 20－40 公分，最後過渡到平地練習。

五70④

五70⑤　　　　　　五70⑥

5.配合擊步、墊步等步法接側空翻練習。

易犯錯誤：

1.左腿的蹬地力量不足，騰空不高。

2.腿不直，翻轉速度慢。

糾正方法：

1.加強腿部力量訓練。

2.注意加強左腿的踏跳蹬地速度，並充分伸展髖、膝、踝關節，以提高騰空高度。

3.注意蹬地和擺腿的協調配合。

第六章　長拳練習

　　長拳是我國北方的代表性拳種，因此人們又稱長拳爲北拳。它是由一定的手型、手法、步型、步法、身法、跳躍、平衡等動作所組成的一種舒展大方、快速有力、起伏轉折、節奏分明、姿勢飄灑的拳術。傳統的查拳、華拳、洪拳、炮拳、花拳、戳腳、翻子、少林拳，以及國家體委規定的甲組拳、乙組拳、初級拳和現在比賽的自選拳均屬於長拳類。長拳在勁力上，以放長擊遠爲特徵，出拳還配合撐腰、順肩來加長擊打距離，以發揮「長一寸，強一寸」的優勢。其拳路清楚，力點明確，且內容豐富，包括伸屈、回環、擰轉、起伏等動作。因此，練習長拳能夠發展肌肉和關節的靈活性、彈性以及內臟器官的協調機能，適於青少年練習。

第一節　長拳技術的基本要求

　　長拳類雖有查拳、華拳、炮拳等不同拳種，但就其基本技術要求說，歸納起來有如下幾點：

一、眼明手快

　　長拳在演練時，一般都要求眼明手快，因此素有「拳如流星眼似電」的說法。

　　「拳如流星」，是長拳手法快速、敏捷、有力的形象比喻。長拳手法的快速有力，須以肩、肘、腕等關節的鬆活爲基礎，如

果這些部位的肌肉不會合理放鬆，就會顯得肩僵、肘死，表現手法時就會顯得呆板、僵滯而不協調，速度快不起來，更談不上力量的發揮。因此，學者在表現手法的運用時，要特別注意肩、肘、腕部位的放鬆，只有放鬆，才能使手法快速、敏捷、有力，且乾淨利落。

「拳如流星」的快捷手法並不意味著整個拳路都是快節奏。長拳的運動特點強調有動有靜、快慢相間，要求「靜如處女，動如脫兔」。一味地求快，則使節奏平平，甚至使全套動作顯得雜亂無章。所以，在學練的過程中，要注意以靜襯動、以慢襯快，使「拳如流星」的快捷手法更明顯地體現出來。

「眼似電」，是長拳運動對眼法要明快、敏銳的形象比喻。眼法的運用在長拳運動中並不是孤立的。它須與手法、身法和步法密切配合，要求眼隨手動、目隨勢注。通過流星般快速有力的手法，配合閃電般的敏銳目光，使之達到以形感人、以目傳神的效果。值得強調的是眼法的配合不是機械的、被動的，而是靈動的、主動的。它要反映出練拳者思維活動的意向，進則攻，退則守，左顧右盼，即使是在靜止時的拳勢，也要以勢斷意連的形式，反映出伺機待動的意向，這樣才能真正達到形外有形、目以傳神的效果。

二、勁力順達

順達，即順暢通達。「勁力順達」是指長拳運動的發勁過程不能使用僵勁、拙勁，要按一定的秩序，通暢順達地使勁力到達著力點。要達到這一要求，須明「三節」、曉「六合」。

「三節」，即根節、中節和梢節，是武術運動中各個流派的共用術語。就人身整體而論，下肢為根節，軀幹為中節，上肢為梢節；下肢是胯為根節，膝為中節，腳為梢節；上肢是肩為根

節，肘為中節，手為梢節。「六合」，在長拳運動中指肩與胯合、肘與膝合手與腳合，即肩、肘、手、胯、膝、腳六個部位的協調配合。

　　「三節」的運動規律是：「起於根，順於中，達於梢」，或說「根節起，中節隨，梢節到」。無論「三節」怎樣劃分，均以腰部為運動樞紐，以腰的運動帶動其它部位旳運動，拳諺稱之為「運動在梢，機關在腰」。比如一個衝拳動作，正確的發力應為「轉腰、送肩、順肘」而使勁力傳遞到拳面。再如向前彈踢，發力時須以腰帶胯，以胯帶膝，再以膝帶腳，使力量集中到腳面上。由此可見，要達到勁力順達的要求，就必須以腰為主宰，三節貫通，六合統一，才能上下形成一股勁。

三、精神飽滿

　　演練長拳時，精神自始至終要求飽滿、旺盛，充滿鬥志。演練起來，要有江河怒濤，雷霆萬鈞的宏大氣勢。這種氣勢的基調是「怒」。但「怒」絕不是豎眉橫眼，齜牙咧嘴的兇狠，而是設身於搏鬥中敢打敢拼的戰鬥意識。只有具備了這種戰鬥意識，演練時才能達到精足神滿的要求。

四、身靈步穩

　　「腰似蛇行」是長拳運動對身法靈活而又柔韌的形象要求，它說明長拳的各種身法運動要像蛇行那樣靈活、有曲有折、富於變化。長拳身法，一般分為閃、展、轉、縮、折、彎、俯、仰等，這些身法均需以胸、背、腰、腹、臀等部位的協調運動而表現出來，因此，對脊柱各環節的柔韌性有很高的要求。身法變化不是雜亂無章，其要以腰為主宰，其它都隨之而變。一般由活動性動作進入靜止性動作時，多講究挺胸、直背、塌腰、收腹、斂臀，使之「勢勢工整」，在活動時，則要吞吐開合、閃展轉折、

靈活多變。這種動靜的身型身法要求稱之爲「動圓定方」。

對於步法，既要求輕快又要求穩固。步法在長拳運動中起著重要的作用，且不易掌握，所以拳諺中有「打拳容易，走步難」、「先看一步走，再看一伸手」之說，可見其難度和重要性。練習中，一方面要體現步法靈活，轉換輕快，反之，就會影響出拳的速度，出現如拳諺所說「步不快則拳慢」的現象；另一方面又要步法沉穩，猶如「步賽粘」那樣穩固，發力時不掀腳，不拔跟。如果步法不穩，就會影響到上肢和軀幹的活動，發力無根，不能發揮出應有的擊打力量。因此，步法的輕快須以穩固爲基礎，達到「步賽粘」的要求，使下盤扎實。

五、氣宜下沉

氣宜下沉或「氣沉丹田」是長拳運動呼吸的基本要求。長拳動作結構複雜，速度快，運動量大，這一特點決定了它的需氧量較大。呼吸方法不當，會影響運動的持久性和勁力的發放，會使氣血上湧，呼吸短促，供氧不足，導致腹內空虛，甚至動作紊亂，面色發白，頭暈噁心。因此，必須學會使用腹式呼吸，善於蓄氣，使運動持久，保持平衡。

長拳運動的呼吸方法，除「氣沉丹田」的腹式深呼吸外，尚有「提、托、聚」三法和「提、托、聚、沉」合稱的呼吸四法。在一般情況下，由低勢進入高勢動作時，應使用提氣法；在定勢動作出現時，應使用托氣法；在出現剛脆短促的動作時，則用聚氣法；而由高勢動作轉入低勢動作時，則換用沈氣法。儘管呼吸隨著動作的變化而改變，但都要始終遵循「氣宜下沉」的基本要求，同時又不能故意做作，要順其自然。

六、節奏鮮明

長拳運動要求節奏鮮明。這裡的節奏，不單指動作快與慢的

變化，還包括動靜疾徐、起落轉折等諸因素。在長拳運動中，通常運用以形喻勢的方法來闡述動靜變化，使節奏形成鮮明的對比，並以此作為規範的格式來求得技術提高。以形喻勢的動靜節奏變化包括十二個方面，即「動如濤，靜如岳，起如猿，落如鵲，立如雞，站如松，轉如輪，折如弓，輕如葉，重如鐵，緩如鷹，快如風」，合稱「十二形」。

「動如濤」，喻運動之勢要像大海的浪濤，洶湧澎湃，滔滔不絕，而動中有韻。

「靜如岳」，喻靜止之勢猶如山岳那樣巍峨屹立，勢不可摧，而又靜中寓動。

「起如猿」，喻起跳之勢如猿猴縱身，機靈，矯健而又敏捷。

「落如鵲」，喻落降之勢如飛鵲歇枝，既輕且穩。

「立如雞」，喻單腿獨立之勢，特別是由活動性運作突然轉入單腿支撐時，要像奔走的金雞突然止步，單腳支撐，定神窺聽，伺勢而動。單腿支撐時，要機敏、安定和穩固。

「轉如輪」，喻旋轉之勢，要像奔馳的車輪繞軸心轉動，快速而又圓滑。

「折如弓」，喻身體撐轉折疊的動作要像拉弓那樣，越拉越有力，富有反彈之勢。

「輕如葉」，喻動作的完成過程要輕鬆而瀟灑，就像空中飄動的落葉，給人以輕而飄的感覺。

「重如鐵」，喻長拳運動中震腳、砸拳等動作之勢，要像鋼鐵砸下那樣沉重，但強調重而忌狠，不能咬牙切齒。

「緩如鷹」，喻動作緩慢的過渡，宛如雄鷹在空中盤旋，全神貫注，伺機捕兔之勢。強調動作緩而不懈，慢中寓快。

「快如風」，形容動作快速之勢，宛如一陣疾風。但動作的

快速須以準確、清晰爲基礎，達到快而不毛。

以十二形喩十二勢，旣形象又生動，易於理解，只要我們在實踐中經常不斷地去仔細琢磨體會，便能促使技術水平逐漸提高。

第二節 長拳基本動作及動作組合練習

一、長拳基本動作

長拳基本動作，在第五章「基本動作練習」中已作過介紹，可參看學習。

二、動作組合練習

動作組合，是把基本的步型、步型、腿法、手法和跳躍等動作編排起來，按技術的基本要求進行練習。通過動作組合的練習，可以提高身體的協調能力，掌握招勢之間的銜接要領，爲學習套路打下基礎。以下選編了步型與步法、腿法和跳躍動作的組合練習。

練習一，步型與步法練習：並步抱拳——→摟手左弓步衝拳——→彈腿衝拳——→馬步盤肘——→右弓步蓋拳——→歇步衝拳——→提膝插掌——→左僕步穿掌——→右虛步挑掌——→左弓步撩拳——→並步抱拳。

動作做法：

並步抱拳：

1.身體直立，兩腳並步，兩臂自然垂於體側；眼向前平視。（圖六1）

2.兩腳不動；兩手握拳上提至腰的兩側，屈肘，拳心向上；頭向左轉，眼視左方。（圖六2）

六1

六2

摟手左弓步衝拳：

　　1.左腳向左側邁步，屈膝，腳尖向前，右腿屈膝半蹲，成半馬步；同時，身體左轉，左拳變掌由腰側向前、向左摟手；眼視左手。（圖六3）

六3

　　2.左腿屈膝前弓，右腿蹬直，成左弓步；同時，左掌變拳收至腰左側，拳心向上，右臂內旋以拳面爲力點，向前衝出，拳心向下；眼視右拳。（圖六4）。

六4

左腿伸直支撐，右腿屈膝提
起腳尖爲力點向前彈擊；同時，
左臂內旋以拳面爲力點向前衝
擊，拳心向下，右臂外旋回抽，
收拳於腰右側，拳心向上；眼視
右拳。（圖六 5）

六5

馬步盤肘：右腳向前落地，
兩腿屈膝半蹲，成馬步；同時，
身體左轉，右臂伸直向左、向前
平擺以前臂爲力點向胸前疊臂成
盤肘，拳心向下，左臂外旋，收
拳於腰左側；眼視前方。（圖六 6、附六 6）

六6　　　　　　　　附六6

右弓步蓋拳：身體右轉；同時，兩腳向右碾轉，右腿前弓，
左腿蹬直，成右弓步；右臂伸直以拳背爲力點向上、向前蓋擊，
拳心斜向上；眼視右拳。（圖六 7）

歇步衝拳：身體右轉，兩腿屈膝全蹲，成歇步；隨身體右
轉，左臂內旋向前衝左拳，拳眼向上，右拳收抱於腰右側；眼視
左拳。（圖六 8）

六7　　　　　　　　　　六8

提膝插掌：右腿伸直
支撐，左腿屈膝提起；同
時，身體向左轉，右拳變
掌，以掌指爲力點向前伸
臂插擊，掌心向上，左拳
變掌，按於右腋下，掌心
向下；眼視右掌。（圖六
9）

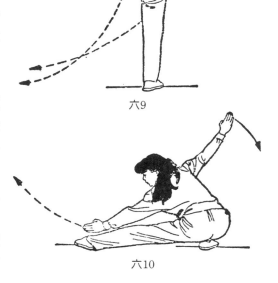

六9

左僕步穿掌：右腿屈
膝全蹲，左腿向左側伸
出，成左僕步；同時，身
體左轉，左掌經體前沿左
腿內側向前穿出；眼視左
掌。（圖六 10）

右虛步挑掌：右腿蹬
地並向前上一步，以腳前

六10

六11

掌著地，左腿屈膝半蹲，成右虛步；同時身體左轉，右掌向下經
體側向前抖腕挑掌，左掌向上、向後、向下移動成勾手，勾尖朝
下；眼視右掌。（圖六 11、12）

　　左弓步撩拳：身體左轉，左腳隨轉體向左碾轉、屈膝，右腳
踏實蹬伸成左弓步；同時，右手握拳以拳背為力點向下、向前撩
擊，左手附於右前臂上；眼視右拳。（圖六 13）

六12　　　　　　　　　　　六13

　　並步抱拳：身體右轉，右腿屈膝，左腿伸直；同時，兩手向上、向體側劃弧分掌；眼隨視右掌。而後，身體左轉，收左腳成並步；同時兩掌變拳收抱於腰間；眼視前方。（圖六 14、15）

六14　　　　　　　　　六15

　　由此可重複以上動作，惟方向相反。

　　要點：練習時，注意手、眼、身、步的協調配合，步型與步法的轉換要靈活、清晰，強調動作的規格。

　　練習二，腿法練習：並步站立──►掄臂並步砸拳──►並步側推掌──►上步正踢腿──►轉身掄臂拍腳──►轉身裡合腿──►弓步勾手推掌──►轉身歇步叉掌──►側踹腿──►弓步雙衝拳──►後掃腿──►並步砸拳──►外擺腿──►並步抱拳。

　　動作做法：

　　並步站立：兩腳並步站立；兩臂垂於體側；眼視前方。（圖六 16）

　　掄臂並步砸拳：

1.左腳向左側邁步，同時，身體向右轉；右手握拳抱於腰間，拳心向上，左手向右斜前方撩掌；眼視右手。(圖六 17)

六16　　　　　　　　六17

2.左腿伸直支撐，右腿屈膝提起；同時，身體左轉；左手向上、向前劃弧按於腹前，手心向下，右拳向上舉起；眼視前方

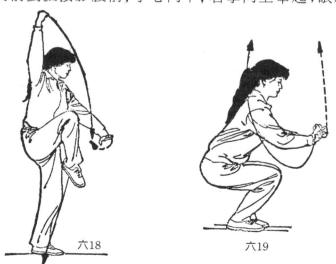

六18　　　　　　　　六19

（圖六 18）

3.右腳向下震腳於左腳內側，兩腿成並步半蹲；同時，左前臂外旋稍向上抬，右拳向下砸擊左手心；眼視兩手。（圖六 19）

並步側推掌：兩腿伸直，右拳變掌，兩掌一起向兩側推掌，指尖均向上；眼視前方。（圖六 20）

六21

六21

六22

上步正踢腿：左腳向前一步，右腳向前向上踢腿；兩掌位置不變；眼視前方。（圖六 21、22）

轉身掄臂拍腳：

1.右腳向身後落步；隨即身體右轉，兩臂隨轉體於身體左、

右兩側呈立圓掄臂；眼視左掌。(圖六 23、24、25)

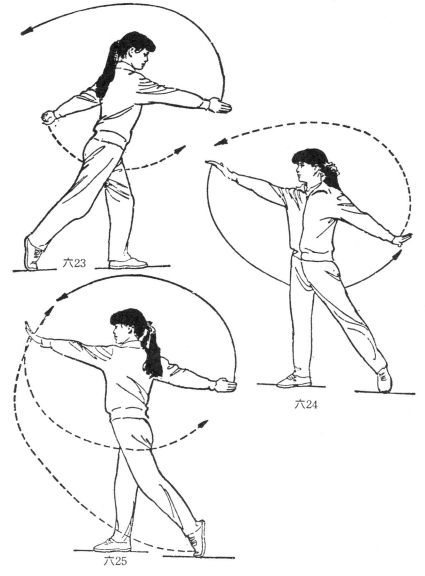

六23

六24

六25

2.右腿支撐；左腿向前上方踢出，腳尖繃直；右掌向上、向前擊拍左腳面，左掌向下、向後擺，掌心向上；眼視右掌。(圖六26)

轉身裡合腿：左腿向後落地支撐，右腿向上踢起並向左裡合；同時，身體左轉，左掌向後經體側向左平搂手，並在左側前方與右腳掌相擊，右掌隨體轉動；眼視右腳。(圖六27、28)

六26

六27　　　　　六28

弓步勾手推掌：身體向左轉；右腿向身後落步伸直，左腿屈

膝前弓，成左弓步；右掌經腰側向前推掌，掌指向上，左掌向下，向後勾手，勾尖向上；眼視右掌。（圖六 29、30）

六29   六30

轉身歇步叉掌：身體向右轉，左腳向右腳移動半步，兩腿屈膝下蹲，成歇步；同時，左勾手變掌，兩掌隨轉體分別於體側掄

六31   六32

臂後至胸前交叉，左掌在外，右掌在裡，眼視左側。(圖六 31、32)

側端腿：右腿伸直支撐，左腿屈膝提起，隨即向左側端出；同時，身體向右側傾斜；兩掌向兩側推掌；眼視左腳。（圖六 33、34）

六33

六34

弓步隻衝拳：左腿向前落步，屈膝前弓，右腿蹬伸，成左弓步；同時，身體左轉；兩掌變拳經腰間向前衝出，拳心均向下；眼視前方。（圖六35）

六35

後掃腿：身體向右撑轉，兩拳變掌向襠下插掌撑地；以左

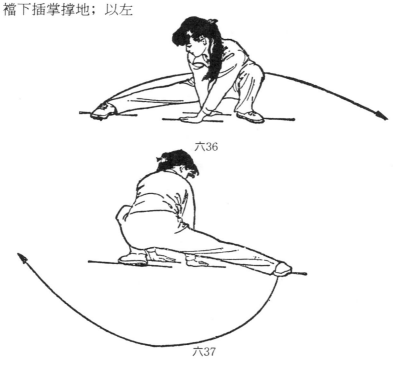

六36

六37

腳前掌為軸，右腿向後掃
轉一周，腳掌貼地。（圖
六 36、37、38）

　　並步砸拳：

　　1.右腿屈膝提起，左
腿伸直支撐；同時，身體
先向右轉再向左轉；右掌
變拳向上舉起，拳心斜向

六38

下，左掌向右、向上、向下劃弧按於左胯前，掌心向下；眼視前
方。（圖六 39、40）

六39

六40

　　2.右腳向左腳內側震腳，兩腿屈膝半蹲；左前臂內旋稍上
抬，掌心向上，右拳向下砸擊左掌心，拳心斜向上；眼視兩手。
（圖六 41）

　　外擺腿：左腳向前上步支撐，右腿向左前上方踢起，並右側

擺腿，兩掌向上於頭的前上方迎擊右腳面，眼視前方。（圖六42、43）

六41

六42

六43

六44

並步抱拳：

1.右腳向後側落步；右掌變拳以拳背向下沿右腿外側向前撩擊，至臉前以左掌迎擊；眼視兩手。（圖六44）

2.身體右轉再左轉；左腳向右腳靠攏成並步；右拳變掌，兩掌分開向兩側劃弧至腰間握拳，拳心均向上；眼視前方。（圖六45、46）

六45　　　　　　六46　　　　　六47

要點：腿法與腿法間的銜接要連貫，出腿要乾淨利索、快速有力。

練習三，跳躍練習：

㈠、提膝上衝拳──→擊步騰空飛腳──→歇步衝拳

動作做法：

提膝上衝拳：

1.兩腳並步站立；兩臂自然垂於身體兩側；眼視前方。（圖六47）

2.兩腿微屈膝；右掌變拳上提至腰間，左掌向左經胸前向右蓋掌於右肩前。掌心斜向下；眼視前方。（圖六48）

3.右腿伸直支撐，左腿屈膝提起；同時，身體微左轉；右拳上衝，拳心向左，掌置於右腋下；眼視左側。（圖六 49）

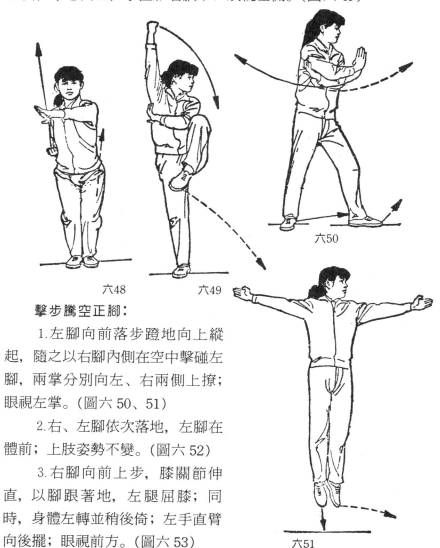

六48　　　　　六49

六50

六51

擊步騰空正腳：

1.左腳向前落步蹬地向上縱起，隨之以右腳內側在空中擊碰左腳，兩掌分別向左、右兩側上撩；眼視左掌。（圖六 50、51）

2.右、左腳依次落地，左腳在體前；上肢姿勢不變。（圖六 52）

3.右腳向前上步，膝關節伸直，以腳跟著地，左腿屈膝；同時，身體左轉並稍後倚；左手直臂向後擺；眼視前方。（圖六 53）

六52　　　　　　　　　　六53

4.右腳蹬地起跳，左腿屈膝上
擺；兩掌同時向前、向上擺至頭的
前上方時相擊；眼視前方。（圖六
54）

5.右腿向前、向上擺踢（或彈
踢）至臉前時腳面繃平，以右掌心
迎擊右腳面，左腿屈收控於體前，
同時，左掌擺至左側，上體略前
傾；眼視前方。（圖六 55）

歇步衝拳：

1.左、右腳依次落地，身體向
左轉；左掌變拳收抱於腰間，右掌
向前蓋掌，掌心斜向下；眼視右
掌。（圖六 56）

六54

六55

六56

3.左脚向後撤步，兩腿屈膝全蹲，成歇步；同時，身體向右轉，右掌變拳收於腰間，拳心向上，左臂內旋直線向前衝出，拳心向下；眼視左拳。(圖六 57)

要點：擊步時，注意兩腳要在空中相碰，上體保持正直。

㈡、提膝挑掌──→躍步騰空擺蓮──→掄臂僕步拍掌──→弓步上衝拳

動作做法：

提膝挑掌：右腿支撐，左腿屈膝提起；身體右轉，兩手於身體兩側成挑掌；眼視前方。(圖六 58)

躍步騰空擺蓮：

六57

六58　　　　　　　　六59

　1.左腳向前落步，右腳相繼向前上步蹬地踏跳；同時，身體
先向右轉再向左轉，右掌向上、
向後、向下擺，在右腳踏跳的同
時，向上架掌於頭右上方，左掌
向下、向前、向上擺掌於體側成
平舉；眼視左掌。　（圖六 59、
60、61）

　2.右、左腳相繼落步，左腳
在前；上肢姿勢不變。（圖六 62）

　3.右腳向右前方上一步，腳
尖外擺，左腿屈膝；同時，身體
右轉並後仰；右掌向下、向後擺
於體後，眼視前方（圖六 63）

六60

　4.右腳蹬地起跳，左腿向上裡合踢擺；同時，身體向右旋轉
騰空；兩掌向上擺於頭上方拍擊。（圖六 64）

六61

六62

六63

六64

5.右腿向上踢起並外擺，左腿屈膝或直腿收控於身體左側；上體稍前傾；兩掌先左後右於臉前擊拍右腳面。（圖六 65）

掄臂僕步拍掌：

1.左腳落地，身體左轉，右腳隨體轉向右側落步，成左弓步；兩掌分別向前、向後撩掌；眼視右掌。（圖六 66）

六65 六66

2.身體向右轉，兩腳向右碾轉成右弓步；同時，兩臂直臂分別向上、向下沿身體兩側立圓掄臂一周；眼視左掌。（圖六 67）

3.身體左轉；

六67

左腿屈膝全蹲，右腿伸直，成右僕步；同時，右臂向上、向前、向下掄臂劃弧至右腿內側拍地，左臂向下、向後掄臂劃弧停於左上方；眼視右掌。(圖六 68)

弓步上衝拳：

1.左腿蹬直，右腿屈膝前弓，成右弓步；身體向右轉；右掌變拳收抱於腰間，拳心向上，左掌向右前方蓋掌，掌心向下；眼視左掌。(圖六 69)

六68

六69

2.兩腳不動；身體向左擰轉；右拳向上衝出，拳心向左；左掌收於右腋下。成立掌，掌指向上，掌心向右；眼視左方。(圖六 70)

要點：

1.連續上步要走成弧形，踏跳時腳尖要外擺。擺蓮要騰空，擊響要準確、響亮。

六70

2.落地要輕穩，接掄臂僕步拍掌動作要連貫。

㈢、並步推掌——▶墊步旋風腳——▶馬步盤肘

動作做法：

並步推掌：兩腳並步站立；右手握拳抱於腰右側，拳心向上，左手成立掌舉於左側，掌指向上，眼視左掌。（圖六71）

六71　　　　　六72

墊步旋風腳：

1.左腳向前上步，隨即右腿蹬地使身體向前、向上輕輕躍起，兩腳隨之向前成墊跳步。同時，右掌向上、向左劃弧，至左前側成立掌，掌指向上，掌心向左，左掌向胸前穿掌至右肩上，掌心向左後，隨右腳向前墊步的同時，兩掌分別向左右兩側挑掌；眼視左掌。（圖六72、73）

2.左腳踏實，右腳向前上步，腳尖內扣；同時，身體向左轉並稍前傾；右臂向上、向前掄擺，左臂屈肘收至體前。（圖六74）

六73

六74

3.右腳蹬地起跳，左腿
向後上方擺起；同時，身體
向左旋轉騰空；兩臂向下、
向上掄擺。(圖六 75)

4.在空中，身體繼續向
左旋轉；右腿向上踢起並向
裡合腿，左手在臉前迎擊右
腳掌。(圖六 76)

馬步盤肘：左、右腳依
次落地，或兩腳一起落地，
兩腿屈膝下蹲成馬步；同時
身體左轉，兩掌變拳，左拳
收抱於腰間，拳心向上，右

六75

拳屈臂盤肘於胸前，拳心向下；眼視前方。(圖六77)

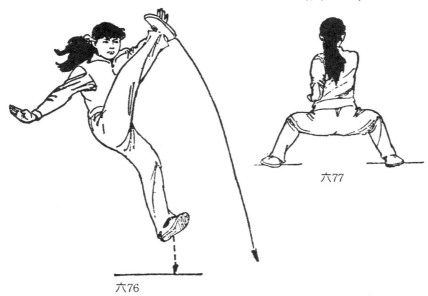

六76

六77

要點：

1.墊步要快，落地要輕。

2.起跳與掄臂、擺腿要連貫協調。

3.旋風腳落地接馬步時，注意迅速沉胯，降低身體重心。

第三節　長拳基礎套路練習

一、動作名稱

預備勢

　　1.虛步亮掌　　　　　　　2.並步對拳

第一段

　　1.弓步衝拳　　　　　　　2.彈腿衝拳

3.馬步衝拳　　　　　　　6.大躍步前穿

4.弓步衝拳　　　　　　　7.弓步擊掌

5.彈腿衝拳　　　　　　　8.馬步架掌

第二段

1.虛步栽拳　　　　　　　5.馬步擊掌

2.提膝穿掌　　　　　　　6.叉步雙擺掌

3.僕步穿掌　　　　　　　7.弓步擊掌

4.虛步挑掌　　　　　　　8.轉身踢腿馬步盤肘

第三段

1.歇步掄砸拳　　　　　　5.馬步衝拳

2.僕步亮掌　　　　　　　6.弓步下衝拳

3.弓步劈拳　　　　　　　7.叉步亮掌側踹腿

4.換跳步弓步衝拳　　　　8.虛步挑拳

第四段

1.弓步頂肘　　　　　　　5.歇步下衝拳

2.轉身左拍腳　　　　　　6.僕步掄劈拳

3.右拍腳　　　　　　　　7.提膝挑掌

4.騰空飛腳　　　　　　　8.提膝劈掌弓步衝拳

結束動作

1.虛步亮掌　　　　　　　2.並步對拳

還原

二、動作說明

預備：勢兩腳並步站立，兩臂垂於身體兩側，五指併攏貼靠腿外側，眼向前平視。(圖六 78)

要點：頭要端正，頦微收，挺胸，塌腰，收腹。

1.虛步亮掌：

六78　　　　　　　　　　　　六79

①右腳向右後方撤步成左弓步。右掌向右、向上、向前劃弧，掌心向上；左臂屈肘，左掌提至腰側，掌心向上。目視右掌。（圖六 79）

②右腿微屈，重心後移。左掌經胸前從右臂上向前穿出伸直；右臂屈肘，右掌收腰側，掌心向上。目視左掌。（圖六 80）

③重心繼續後移，左腳稍向右移，腳尖點地，成左虛步。左臂內旋向左、向後劃弧成勾手，勾尖向上；右手繼續向後、向右、向前上劃弧，屈肘抖腕，在頭上方成亮掌（即橫掌），掌心斜向上，掌指向左。目視左方。（圖六 81）

要點：三個動作必須連貫。成虛步時，重心落於右腿上，右大腿與地面平行。左腿微屈，腳尖點地。

動作含義：當對方向我臉或胸部攻擊時，我右腳迅速向後撤步閃身，同時以右臂向左格擋，繼而左手快速向對方胸、喉等部位穿出，出並順勢摟抓其攻擊之手，右掌迅速向對方的後腦或太陽穴部位橫擊。

六80　　　　　　　　　　六81

2.並步對拳：

①右腿蹬直，左腿提膝，腳尖裡扣，上肢姿勢不變。（圖六82）

②左腳向前落步，重心前移。左臂屈肘，左勾手變掌經左肋前伸；右臂外旋向前下落於左掌右側，兩掌同高，掌心均向上。（圖六83）

③右腳向前上一步，兩臂下垂後擺。（圖六84）

④左腳向右腳靠攏成並步，兩臂向外、向上經胸前屈肘下按，兩掌變拳，拳心向下，停於腹前。目視左側。（圖六85）

要點：並步後挺胸、塌腰。對拳、並步、轉頭要同時完成。

動作含義：接上勢，如我右掌橫擊落空，兩掌隨即前伸插擊其喉部，同時左腿屈膝上頂其腹部，並可伺機而踢對方襠部。如對方撤步以腿向我腹部攻擊，我即兩掌順勢向下、向兩側挂開或兩手下按以防守之。

六82

六83

六84

六85

第一段

1.弓步衝拳

①左腳向左上一步，腳尖向斜前方；右腿微屈，成半馬步。左臂向上、向左格打，拳眼向後，拳與肩同高，右拳收至腰側，拳心向上。目視左拳。（圖六 86）

②右腿蹬直成左弓步。左拳收至腰側，拳心向上；右拳向前衝出，高與肩平，拳眼向上。目視右拳。（圖六 87）

要點：成弓步時，右腿充分蹬直，腳跟不要離地。衝拳時，儘量轉腰順肩。

六86　　　　　　六87

動作含義：對方從左側向我攻擊，我迅速左轉身邁左步，並以左臂向外格擋對方來拳，隨即衝右拳擊打對方胸、腹部。

2.彈腿衝拳：重心前移至左腿，右腿屈膝提起，腳面繃直，猛力向前彈出伸直，高與腰平。右拳收至腰側，左拳向前衝出。目視前方。（圖六 88）

要點：支撐腿可微屈，彈出的腿要用爆發力，力點遠於腳尖。

動作含義：接上勢，衝左拳擊打對方胸部，同時起右腿彈擊

方對方襠部。

3.**馬步衝拳**：右腳向前落步，腳尖裡扣，上體左轉。左拳收至腰側，兩腿下蹲成馬步：右拳向前衝出。目視右拳。（圖六89）

要點：成馬步時，大腿要平，兩腳平行，腳跟外蹬，挺胸、塌腰。

六88　　　　　　　　　六89

動作含義：接上勢，若對方向我左側躲閃，我即右腳落步並向左轉身，同時用右拳擊對方中盤。

4.**弓步衝拳**

①上體右轉90°，右腳尖外撇向斜前方，成半馬步。右臂屈肘向右格打，拳眼向後。目視右拳。（圖六90）

②左腿蹬直成右弓步。右拳收至腰側，左拳向前衝出。目視左拳（圖六91）

要點：與本段的「1.弓步衝拳」相同，惟左右相反。

動作含義：同本段「1.弓步衝拳」。

六90

六91

5.彈腿衝拳：重心前移至右腿，左腿屈膝提起，腳面繃直，猛力向前彈出伸直，高與腰平。左拳收至腰側，右拳向前衝出。目視前方。(圖六92)

要點：與本段的「2.彈腿衝拳」相同。

動作含義：同本段「2.彈腿衝拳」。

6.大躍步前穿：

①左腿屈膝。右拳變掌內旋，以手背向下挂至左膝外側，上體前傾。目視右手。(圖六93)

②左腿向前落步，兩腿微屈。右掌繼續向後挂，左拳變掌，

六92

向後、向下伸直。目視右掌。(圖六 94)

六93

六94

③右腿屈膝向前提起，左腿立即猛力蹬地向前躍出。兩掌向前、向上劃弧擺起。目視左掌。(圖六 95)

④右腿落地全蹲，左腿隨即落地向前鏟出成僕步。右掌變拳抱於腰側，左掌由上向右、向下劃弧成立掌，停於右胸前。目視左腳。(圖六 96)

要點：躍步要遠，落地要輕，落地後立即接做下一個動作。

動作含義：

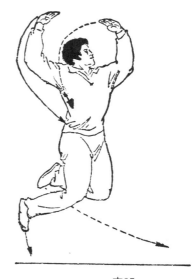

六95

①接上勢，若對方向我
襠部踢來，我速屈腿提膝護
襠，同時右手向下、向左挂
防。

②對方衝拳向我上盤出
來，我即以右手向上反撩抓
其腕，左手上托其肘關節成
折臂勢。

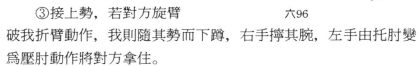

六96

③接上勢，若對方旋臂
破我折臂動作，我則隨其勢而下蹲，右手擰其腕，左手由托肘變
爲壓肘動作將對方拿住。

7.弓步擊掌：

①右腿猛力蹬直成左
弓步。左掌經左腳面向後
劃弧至身後成勾手，左臂
伸直，勾尖向上；右拳由
腰側變掌向前推出，掌指
向上，掌外側向前，目視
右掌。（圖六97）

六97

動作含義：接上勢，
若對方向我下盤蹬踹，我則左手勾摟其腿，同時進身推掌，擊打
對方腹部。

8.馬步架掌：

①重心移至兩腿中間，左腳腳尖裡扣成馬步，上體右轉。右
臂向左側平擺，稍屈肘；同時左勾手變掌由後經左腰側從右臂內
向前上穿出，掌心均朝上。目視左手。（圖六98）

②右掌立於左胸前，左臂向左上屈肘抖腕亮掌於頭部左上方，掌心斜向上。目右轉視。（圖六 99）

要點：馬步同前。

六98　　　　　　　　六99

動作含義：接上勢，若對方抓住我的右手，我即迅速旋臂回抽右手，同時左掌插向對方的咽喉。隨即我左掌上架護頭，右掌回收護胸。

第二段

1.虛步栽拳：

①右腳蹬地，屈膝提起；左腿伸直，以前腳掌爲軸向右後轉體180°。右掌由左胸前向下經右腿外側向後劃弧成勾手；左臂隨體轉動並外旋，使掌心朝右。目視右手。（圖六 100）

②右腳向右落地，重心移至右腿上，下蹲成左虛步。左掌變拳下落於左膝上，拳眼向裡，拳心向後；右勾手變拳，屈肘向上架於頭右上方，拳心向前。目視左方。（圖六 101）

動作含義：接上勢，若對方從右側用右腿猛力向我右膝踹來，我即迅速向右後轉體撤右步，同時右手勾摟其右腳，使對方

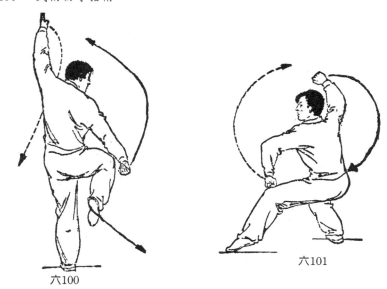

六100　　　　　　　　六101

身體傾斜。隨其勢，我左手握拳向下栽擊對方的襠、腹部位，右拳上架護頭。

2.提膝穿掌：

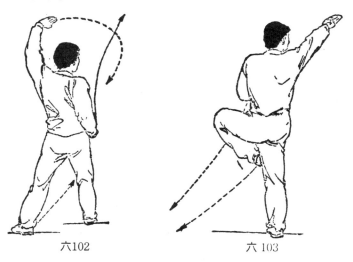

六102　　　　　　　　六103

①右腿稍伸直。右拳變掌收至腰側，掌心向上；左拳變掌由下向左、向上劃弧蓋壓於頭上方，掌心向前。（圖六 102）

②右腿蹬直，左腿屈膝提起，腳尖內扣。右掌從腰側經左臂上向右前上方穿出，掌心向上；左掌收至右胸前成立掌。目視右掌。（圖六 103）

要點：支撐腿與右臂充分伸直。

動作含義：接上勢，若對方從右側向我右肋部擊來，我即以右臂迅速向下格擋，左掌向對方的咽喉部穿擊。

六104

3.**僕步穿掌**：右腿全蹲，左腿向左後方鏟出成左僕步。右臂不動，左掌由右胸前向下經左腿內側，向左腳面穿出。目隨左掌（圖六 104）

動作含義：接上勢，對方從左側用右拳或左拳猛力向我上盤擊來，我即迅速下蹲閃躲，並向對方襠下伸左腿穿左掌，對方落空勢必前傾，我隨勢用左手抄其襠部將對方摔出。

4.**虛步挑掌**：

六105

①右腿蹬直，重心前移至左腿，成左弓步。右掌稍下降，左掌隨重心前移向前挑起。（圖六 105）

②右腳向左前方上步，左
腿半蹲，成右虛步。身體隨上
步左轉180°。在右腳上步的同
時，左掌由前向上、向後劃弧
成立掌，右掌由後向下、向前
上挑起成立掌，指尖與眼平。
目視右掌。（圖六106）

要點：上步要快，虛步要
穩。

六106

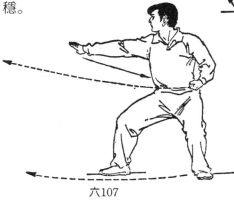

六107

5.馬步擊掌：

①右腳落實，腳尖外撇，
重心稍升高並右移，左掌變拳
收至腰側；右掌俯掌向外擄
手。（圖六107）

②左腳向前上一步，以右
腳爲軸向右後轉體180°，兩腿
下蹲成馬步。左掌從右臂上成
立掌向左側擊出；右掌變拳收

動作含義：接上
勢，若對方向後退閃，
我即左手做向上、向後
的挂防動作，同時右腳
上步，右掌撩挑對方的
襠部，右腿暗含彈、
蹬、踹等腿法。

六108

至腰側。目視左掌。(圖六 108)

要點：右手做擴手時，先使臂稍內旋，腕伸直，手掌向下、向外轉，接著臂外旋，掌心經下向上翻轉，同時抓握成拳。收拳和擊掌動作要同時進行。

動作含義：接上勢，若對方以右手抓住我右腕，我則外旋右臂，纏右腕反抓其腕部，並向回帶，同時上左步，身右轉，左手推掌擊打對方的肋部。

6.叉步雙擺掌：

①重心稍右移，同時兩掌向下、向右擺，掌指均向上。目視右掌。(圖六 109)

②右腳向左腿後插步，前腳掌著地。兩臂繼續由右向上、向左擺，停於身體左側，均成立掌，右掌停於左肘窩處。目隨雙掌。(圖六 110)

要點：兩臂要劃立圓，幅度要大，擺掌與後插步配合一致。

六109　　　　　　　　　六110

動作含義：接上勢，若對方向我中盤擊來，我即兩手下擺挂

防，同時右腳向身後插接近對方，雙掌繼續掄擺，左掌劈擊對方的臉部或胸部，右手護於胸前。

　7.弓步擊掌：

　　①兩腿不動。左掌收至腰側，掌心向上；右掌向上、向右劃弧，掌心向下。（圖六 111 ）

　　②左腿後撤一步，成右弓步。右掌向下、向後伸直擺動，成勾手，勾尖向上；左掌成立掌向前推出。目視左掌。（圖六 112）

六111　　　　　　　　　　六112

　動作含義：接上勢，若對方從右側以左或右腿猛力向我蹬踹，我即退左步閃身，同時右手向下、向後勾摟對方的小腿，左手向對方的襠、腹部位推掌擊出。

　8.轉身踢腿馬步盤肘：

　　①兩腳以前腳掌爲軸向左後轉體180°。在轉體的同時，左臂向上、向前劃半立圓，右臂向下、向後劃半立圓。（圖六 113）

　　②上動不停，兩腳不動，右臂由後向上、向前劃半立圓，左臂由前向下、向後劃半立圓。（圖六 114 ）

六113

六114

③上動不停，右臂向下成反臂勾手，勾尖向上；左臂向上成亮掌，掌心向前上方。右腿伸直，腳尖勾起，向額前踢。（圖六115）

六115

六116

④右腳向前落地，腳尖裡扣。右手不動，左臂屈肘下落至胸前，左掌心向下。目視左掌。(圖六 116)

⑤上體左轉 90°，兩腿下蹲成馬步。同時左掌向前、向左平擄變拳收至腰側，右勾手變拳，右臂伸直，由體後向右、向前平擺，至體前時屈肘，肘尖向前，高與肩平，拳心向下。目視肘尖。(圖六 117)

六117

要點：兩臂掄動時要劃立圓，動作連貫。盤肘時要快速有力，右肩前順。

動作含義：

①接上勢，若對方從身後向我背部擊來，我即轉身閃開，同時用左掌劈擊對方的臉部。

②若對方躲閃開以左腿向我腰右側踢來，我則以右手由上向下、向後勾摟防之，同時踢右腿擊打其襠部，左掌上架護頭。

③我右腿向前落步，同時左掌下按護胸，隨即腰向左轉，右臂摟挾對方頸部，將其摔倒或擒住。

第三段

1.歇步掄砸拳：

①重心稍升高，右腳尖外撇。右臂由胸前向上、

六118

向右掄直：左拳向下、向左使臂掄直。目視右拳。（圖六 118）

②上動不停，兩腳以前腳掌爲軸向右後轉體 180°。右臂向下、向後掄擺，左臂向上、向前隨身體轉動。（圖六 119）

③緊接上動，兩腿全蹲成歇步。左臂隨身體下蹲向下平砸，拳心向上，臂部微屈；右臂伸直向上舉起。目視左拳。（圖六 120）

要點： 掄臂動作要連貫完成，劃成立圓。歇步要兩腿交叉全蹲，左腿大、小腿靠緊，臂部貼於左小腿外側，左膝關節在右小腿外側，腳跟提起；右腳尖外撇，全腳著地。

六119　　　　　　　　　六120

動作含義： 接上勢，對方向我右肋擊來，我以右臂向下挂防，同時左手握拳掄砸其頭部。

2.**僕步亮掌：**

①左腳由右腿後抽出向前上一步，左腿蹬直，右腿半蹲，成右弓步。上體微向右轉。左拳收至腰側，右拳變掌向下經胸前向右橫擊。目視右掌。（圖六 121）

②右腳蹬地屈膝提起，上體右轉。左拳變掌從右掌上向前穿出，掌心向上；右掌平收至左肘下。（圖 122）

六121　　　　　　　　　六122

③右腳向右落步，屈膝全蹲，左腿伸直，成僕步。左掌向下、向後劃弧成勾手、勾尖向上；右掌向右、向上劃弧微屈，抖腕成亮掌，掌心向前。頭隨右手轉動，至亮掌時目視左方。（圖六 123）

要點： 僕步時，左腿充分伸直，腳尖裡扣，右腿全蹲，兩腳腳

六123

掌全部著地。上體挺胸塌腰，稍左轉。

動作含義：

①接上勢，若對方用左手抓住我右腕，我即向右稍轉體，撤左步，同時右手沿順時針方向繞其左腕纏一小圈，以解脫對方的抓握，隨即橫砍右掌擊打對方的咽喉部位。

②對方以右拳向我面部或胸部擊來，我即以右手順勢按對方的來拳，同時左掌穿出擊向對方的咽喉或眼睛。我右腿屈膝上提，是爲防止對方踢我襠部。

③接上勢，對方後仰躲閃，並以右腿向我腹部踹來，我即向右蹲身，同時左手向下、向後勾摟對方的右腿，使對方失去平衡而跌倒。

3.弓步劈拳：

①右腿蹬地立起；左腿收回並向左前方上步。右掌變拳收至腰側，左勾手變掌由下向前上經胸前向左做攊手。（圖六124）

六124

②右腿經左腿前方向左繞上一步，左腿蹬直成右弓步。左手向左平攊後再向前揮擺，虎口朝前。（圖六 125）

③在左手平攊的同時，右拳向後平擺，然後再向前、向上做掄劈拳，拳高與耳平，拳心向上，左掌外旋接扶右前臂。目視右拳。（圖六 126）

要點：左右腳上步稍帶弧形。

動作含義：接上勢，對方順步用左拳向我擊來，我迅速收左

六125　　　　　　　　　　六126

腿向對方左側閃步，同時，左手從對方臂外側摟抓其腕，隨即上
右步近身，以右拳橫擊對方的耳部。

4.換跳步弓步衝拳：

①重心後移，右脚稍向後移動。

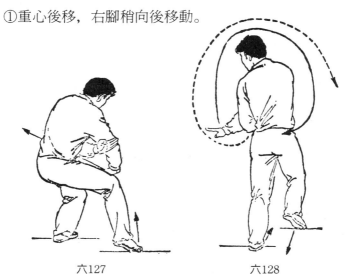

六127　　　　　　　　　　六128

右拳變掌，臂內旋，以掌背向下劃弧挂至右膝內側；左掌背貼靠右肘外側，掌指向前。目視右掌。（圖六 127）

②右腿自然上抬，上體稍向左扭轉。右掌挂至體左側，左掌伸向右腋下。目隨右掌。（圖六 128）

③右腿以全腳掌用力向下震踩，與此同時，左腳急速離地抬起。右手由左向上、向前擄蓋而後變拳收至腰側；左掌伸直向下、向上、向前屈肘下按，掌心向下。上體右轉，目視左掌。（圖六 129）

④左腳向前落步，右腿蹬直成左弓步。右拳向前衝出，拳高與肩平；左掌藏於右腋下，掌背貼靠腋窩。目視右拳。（圖六 130）

要點： 換跳步動作要連貫、協調。震腳時腿要彎曲，全腳掌著地，左腳離地不要高。

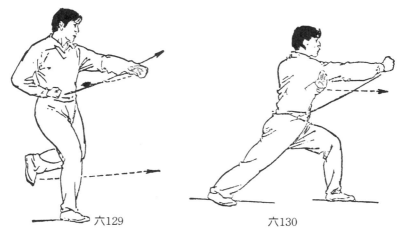

六129　　　　　六130

動作含義： 接上勢，假設對方向我右膝踹擊，我迅速向後收右腿，同時，右臂向下挂開其踹腿，順勢用右拳向對方頭部掄劈，隨即左掌向前下蓋其左臂，防止其出拳。

5.**馬步衝拳：** 上體右轉 90°，重心移至兩腳中間，成馬步。

右拳收至腰側，左掌變拳向左衝出，拳眼向上。目視左拳。（圖六131）

動作含義：接上勢，若我右衝拳落空，則左拳迅速向其肋部攻擊。

6.**弓步下衝拳：**右腳蹬直，左腿彎曲，上體稍向左轉，成左弓步。左拳變掌向下經體前向上架於頭左上方，掌心向上，右拳自腰側向左前斜下方衝出。

目視右拳。（圖六132）

六131　　　　　　六132

動作含義：接上勢，對方以右拳向我胸腹部擊來，我左拳變掌向胸腹前挂抄其來臂，隨即翻掌上架於頭上方，同時，右拳衝打對方的襠腹部位。

7.**叉步亮掌側踹腿：**

①上體稍右轉。左掌由頭上下落於右手腕上，右拳變掌，兩手交叉成十字。目視雙手。（圖六133）

②右腳蹬地並向左腿後插步，以前腳掌著地。左掌由體前向下、向後劃弧成勾手，勾尖向上；右掌由前向右、向上劃弧抖腕亮掌，掌心向前。目視左側。（圖六134）

六133

六134

六135

③重心移至右腿，左腿屈膝提起，向左上方猛力蹬出。上肢姿勢不變，目視左側。（圖六135）

要點：插步時上體稍向右傾斜，腿、臂的動作要一致。側踹高度不能低於腰，大腿內旋，著力點在腳跟。

動作含義：接上勢，若對方擒住我右腕，則我左手迅速向下拿住對方手腕並向左後側扳腕解脫，隨即右腳上步近身，左腳向對方胸、肋部踹擊。

8.虛步挑拳：

①左腳在左側落地。右掌變拳稍後移，左勾手變拳由體後向左上挑，拳背向上。（圖六136）

②上體左轉180°，微合胸前俯。左拳繼續向前、向上劃弧上挑，右拳向下、向前劃弧挂至右膝外側，同時右膝提起。目視右拳。(圖 137)

六136　　　　　六137

③右腳向左前方上步，腳尖點地，重心落於左腳，左腿下蹲成右虛步。左拳向後劃弧收至腰側，拳心向上；右拳向前屈臂挑出，拳眼斜向上，拳與肩同高。目視右拳（圖六 138）

動作含義：接上勢，對方閃開我的左踹腿，趁我落腿之機以右拳向我胸部擊來，我則以左臂向上挂防其來拳，隨即身體左轉上右步，同時右拳由下向上挑打對方的襠腹部位。

第四段

六138

1.弓步頂肘:

①重心升高，右腳踏實。右臂內旋，向下直臂劃弧，以拳背下掛至右膝內側，左拳不變。目視前下方。（圖六 139）

②左腿蹬直，右腿屈膝上抬。左拳變掌，右拳不變，兩臂向

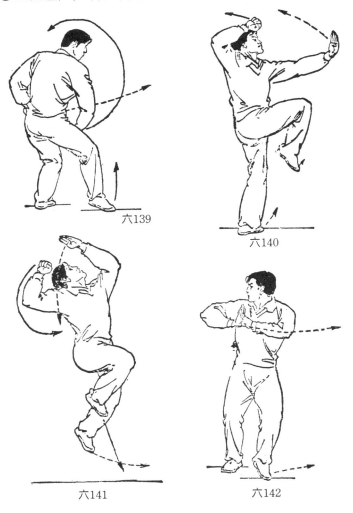

六139

六140

六141

六142

前、向上劃弧擺起。目隨右拳。（圖六 140）

③左腳蹬地起跳，身體騰空，兩臂繼續劃弧至頭上方。（圖六 141）

④右腳先落地，右腿屈膝，左腳向前落步，以前腳掌著地。同時兩臂向右、向下屈肘停於右胸前，右拳變掌，左掌變拳。右掌心貼靠左拳面。（圖六 142）

⑤左腳向左上一步，左腿屈膝，右腿蹬直成左弓步。右掌推左拳，以左肘尖向左頂出，高與肩平。目視前方。（圖六 143）

要點：交換步時不要過高，但要快。兩臂掄擺時要成圓弧。

動作含義：

①接上勢，對方向我襠部或右膝踢來，我則以右拳下掛防守。

②接上勢，我右拳上架以防對方的左拳進攻，同時，左拳變掌前推對方胸部，右腿屈膝上頂其襠部。

六143

③接上勢，對方退閃，並以右拳向我頭部擊來，我則借回收左掌之勢，以左前臂內掩防守，同時向前換跳步接近對方，屈左肘頂擊對方的胸肋部位。

2.轉身左拍腳：

①以兩腳前腳掌為軸向右後轉體 180°。隨著轉體，右臂向上、向右、向下劃弧掄擺，同時左拳變掌，向下、向後、向前上掄擺。（圖六 144）

②左腿伸直向前上踢起，腳面繃平。左掌變拳收至腰側，右掌由體後向上、向前拍擊左腳面。（圖六 145）

要點：右掌拍腳時，手掌稍橫過來，拍腳要準確而響亮。

六144

六145

動作含義：接上勢，若對方從身後向我襲來，我迅速轉身閃開，並以右、左掌依次劈擊對方臉部。緊接著，左腳踢其襠，右掌復擊其臉。

3.右拍腳：

①左腳向前落地，左拳變掌向下、向後擺，右掌變拳收至腰側。（圖六146）

②右腿伸直向前上踢起，腳面繃平。左拳變掌，由後向上、向前拍擊右腳面。（圖六147）

六146

要點：與本段的「2.轉身左拍腳」相同。

動作含義：接上勢，對方向後撤步閃身，我起右腳踢對方襠部，左掌擊其臉部。

4.騰空飛腳：

①右腳落地。（圖六148）

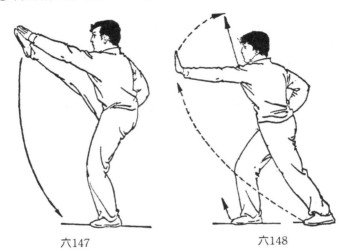

六147　　　　　　　　　　六148

②右腳猛力蹬地跳起，左腿向前上擺。同時右拳變掌向前、向上擺起與左掌於額前拍擊。（圖六149）

③在空中，右腳腳面繃平，向前踢出，左腿收控於右腿側。右掌向前以掌心迎擊右腳腳面，眼看右腳。（圖六150）

要點：蹬地要向上，不要太向前衝，左膝儘量上提。擊響要在騰空時完成，右臂伸直成水平。

動作含義：接上勢，對方繼續向後退步閃躲，我右腳向前落步，並蹬地躍起逼近對方，左腳向對方襠部彈踢，同時兩手上抬護頭，隨之右腿彈踢對方胸、腹部，右掌擊其面部。以上三個動作要快速連貫，連續進攻，使對方防不勝防。

六149　　　　　　　　六150

5.歇步下衝拳：

①左、右腳先後相繼落地。左掌變拳收至腰側。（圖六151）

六151　　　　　　　　六152

②身體右轉 90°，兩腿全蹲成歇步。右掌抓握、外旋變拳收至腰側；左拳由腰側向前下方衝出，拳心向下。目視左拳。（圖六 152）

動作含義：接上勢，對方趁我雙腳落地之勢以左拳向我腹部擊來，我即用右手向下抓摟其腕並向回帶，同時左手握拳擊向對方襠部。

6.僕步掄劈拳：

①重心升高，右臂由腰側向體後伸直，左臂隨身體重心升高向上擺起。（圖六 153）

②以右腳前腳掌為軸，左腿屈膝提起，上體左轉270°。左拳由前向後下劃立圓一周；右拳由後向下、向前上劃立圓一周。（圖六 154）

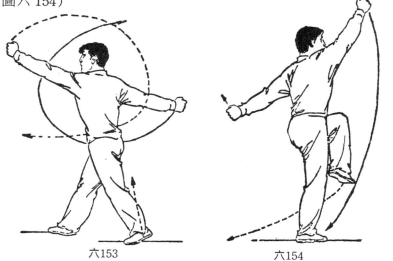

六153　　　　　　六154

③左腿向後落一步，屈膝全蹲，右腿伸直，腳尖裡扣成右僕步。右拳由上向下掄劈，拳眼向上；左拳後上舉，拳眼向上。目視右拳。（圖 155）

要點：掄臂時一定要劃立圓。

動作含義：接上勢，對方從身後向我襲來，我迅速轉身閃躲，以左、右拳掄劈對方頭部。

六155

六156

7.提膝挑掌：

①重心前移成右弓步。同時右拳變掌由下向上掄擺，左拳變掌稍下落，右掌心向左，左掌心向右。（圖六156）

②左、右臂在垂直面上由前向後各劃立圓一周。右臂伸直停於頭上，掌心向左，掌指向上；左臂伸直停於身後成反勾手。同時右腿屈膝提起，左腿挺膝伸直獨立。目視前方。（圖六157）

要點：掄臂時要劃立圓。

動作含義：接上勢，若我掄劈落空，則迅速屈膝弓右腿，並以右、左掌連續向對方襠部或下頦挑擊，同時右腿屈膝向上頂撞對方襠、腹

六157

部位。

8.提膝劈掌弓步衝拳：

①下肢不動。右掌由上向下猛劈伸直，停於右小腿內側，用力點在小指一側；左勾手變掌，屈臂向前停於右上臂內側，掌心向左。目視右掌。（圖六 158）

六158

六159

②右腳向右後落地；身體右轉90°。同時左掌變拳收至腰側，右臂內旋向右劃弧做劈掌。（圖六159）

③上動不停，左腿蹬直成右弓步。右手抓握變拳收至腰側，右拳由腰側向左前方衝出。目視左拳。（圖六160）

動作含義：

六160

①接上勢，對方以右拳向我胸部擊來，我即以左掌上移內格防守，同時右掌向前、向下劈擊對方頭部。

②接上勢，若對方向我右側閃躲，我即右腳向後落步，同時右掌橫砍，擊向對方頸部。

③接上勢，對方低頭並向我左側閃躲，我速出左拳擊打對方的胸部或頭部。

結束動作

1.虛步亮掌：

①右腳扣於左膝後，兩拳變掌，兩臂右上左下屈肘交叉於體左前。目視右掌。（圖六 161）

②右腳向右後落步，重心後移，右腿半蹲，上體稍右轉。同時右掌向上、向右、向下劃弧停於左腋下；右掌向左、向上、向下劃弧停於右臂上與左胸前，兩掌心左下右上。目視左掌。（圖六 162）

③左腳稍向右移，右腿下蹲成左虛步。左臂伸直向左、向後

六161　　　　　　　　　六162

劃弧成反勾手；右臂伸直向下、向右、向上劃
弧抖腕亮掌，掌心向前。目視左方。（圖六
163）

動作含義：

①接上勢，若對方以右手抓住我左腕，我
則用右手抓握其掌指部位，雙手合力，沿順時
針方向繞轉，使我的左手解脫其抓握，並疊壓
肘關節，形成擰腕壓肘動作，將對方擒拿位。

②接上勢，若對方從我左側用腿向我踢
來，我即以左手向下、向後勾摟其來腿，同時
右掌上架護頭。

2.並步對拳：

①左腿後撤一步，同時兩掌從兩腰側向前穿出伸直，掌心向
上。（圖六 164）

②右腿後撤一步，同時兩臂分別向體後下擺。（圖六 165）

六164

六165

六163

③左腳後退半步後右腳併攏。兩臂由後向上經體前屈臂下按。兩掌變拳，停於腹前，拳心向下，拳面相對。目視左方。（圖六 166）

動作含義：同預備動作「2.並步對拳」。

還原：兩臂自然下垂，目視正前方。（圖六 167）

六166

六167

第七章　劍術練習

在掌握基本功和基本動作以及拳術的基礎上可進行器械練習。武術器械甚多，過去有「十八般兵器」之說，其實遠不止此數，主要有劍、刀、槍、棍、雙鈎、九節鞭、三節棍、繩鏢、流星錘等。由於篇幅有限，只就劍術進行介紹。

劍，是武術器械中短兵器的一種，它有著悠久的歷史，在長期的發展過程中，對劍的使用形成了幾種劍術流派。現在常見的有武當劍、八卦劍、龍行劍、青萍劍、昆吾劍、太極劍、三才劍、八仙劍、純陽劍、龍鳳劍、醉劍，以及國家體委編整的甲組劍、乙組劍和初級劍等等。在練法上有單劍（單手演練，多為右手正握或反握）、雙手劍（兩手握劍柄）和行劍（多走勢少停勢）、站劍（也叫勢劍，多定勢和平衡動作，造型端莊勢整）、綿劍（柔和蘊藉，連綿相屬）、醉劍（恣意揮舞，忽往復收，形如醉酒）之分，但都具有輕盈敏捷、氣勢流暢、靈活多變、剛柔相兼、吞吐自然等特點，故素有「刀如猛虎，劍如飛鳳」、「劍走美式」的說法。

第一節　劍的部位名稱、規格及握法

一、劍的部位名稱

劍，由劍尖、劍身、劍刃、劍面、劍脊、劍格、劍柄、劍把、劍首和劍穗構成。（圖七1）

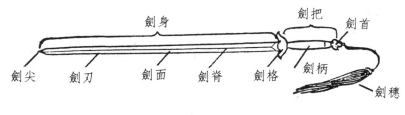

七1

㈠劍尖: 劍身最前端尖銳部分。

㈡劍身: 劍尖、劍刃、劍面、劍脊的總稱。

㈢劍刃: 劍身兩側鋒利部分。

㈣劍面: 劍脊兩側平面部分。

㈤劍脊: 劍身中間長軸隆起部分。

㈥劍格: 劍身與劍柄之間作護手的部分。

㈦劍柄: 劍格後面持握部分。

㈧劍首: 劍把最末端。

㈨劍把: 劍格、劍柄、劍首的總稱。

㈩劍穗: 是劍的附屬物, 常繫在劍首。

二、劍的規格

劍, 一般爲金屬製成。初學時可用木製劍。其長度以直臂垂肘反手持劍的姿勢爲準, 劍尖不得低於耳垂。

三、劍的基本握法和劍指

㈠持劍: 手心貼近劍格, 拇指在劍格一側扣握, 其餘四指在劍格的另一側扣握, 使劍脊貼近前臂後側 (圖七 2)。持劍要穩而活。

㈡握劍: 五指握住劍柄, 虎口向劍格並與劍刃一側相對 (圖七 3)。運動時, 五指鬆握劍柄, 手心要鬆空, 使劍在手中靈活運轉。

㈢劍指: 見「第二章常用術語」部分。

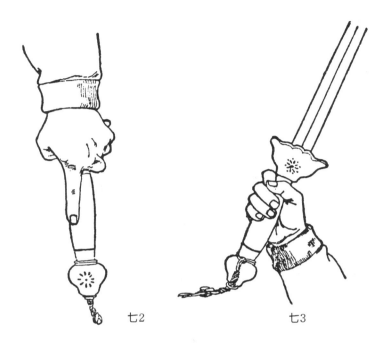

七2　　　　　　　　七3

第二節　劍術的基本要求

　　各種風格的劍術都有自己的演練技巧與方法，但就其基本要求而言，大致有以下幾點。

一、劍法要清晰

　　劍術，是以各種劍法，結合屈伸、旋轉、平衡等動作，按照一定的原則組成的套路運動。劍法，在套路組成中構成了功力與表現技巧的核心。

　　劍術雖有不同流派，但由於劍的結構決定了它的使用方法，因此在劍法上，一般都有刺、點、崩、劈、穿、雲、挂、撩、截、挑、格、絞等，不同的劍法有不同的運動的路線、運用部

位、方位和著力點。有的劍身直著向前，有的劍身平著向前，有的著力點在劍尖，有的著力點，在劍刃前端或後端。如：「刺劍」是以劍身直著向前，劍尖為力點。而「斬劍」是以劍身平著向前或向左、向右，以劍刃的前端部分為力點。如劍法不清，就不能反映動作的真正內含。所以，初學者不僅要認真反覆地練習每一種基本劍法，掌握正確的動作，而且還需了解不同劍法的用意，這樣才能在練習中靈活運用，劍法清晰。

二、身劍要合一

劍法的運用是否準確、工整，這取決於身、劍是否協調一致。要達到「身劍合一」的要求，首先，步要靈，即步法的起落要快、輕、穩。其次，腰要活，即腰的擰轉、吞吐等變化要靈活。再者，肩、臂、腕要鬆。如果步不靈，腰不活，肩、臂、腕僵硬，就不能形成協調的整體運動，劍法也就不能靈活多變。因此，在練習時，凡劍法所動，就應做到以身帶肩，以肩帶臂，以腕制劍，腰腿助力，身到，步到，劍法到，這樣就達到了「身劍合一」的要求。譬如「拗弓步前刺劍」這個動作，須擰腰轉體，肩動而臂伸，腕隨臂前伸，使劍借助腰、腿、肩、臂、腕的整體配合，力達於劍尖。這樣劍一動周身處處皆動，不僅動作幅度大，而且身體各部分配合協調，勁力也就順達於劍尖了。

三、剛柔兼備

剛與柔是對方統一的矛盾運動，在人體運動時主要表現在肌肉的張與弛，這種張與弛，武術中稱為剛與柔。剛中寓柔，柔中寓剛，剛柔相濟，是武術運動的勁力法則，同樣也是劍術的勁力法則。劍術運動講究吞吐、起伏、閃展、開合、擰轉、俯仰等，無不以剛柔參互運用為基礎。在技法上，一般進攻性的劍法其力主剛，防守性的劍法其力則稍柔，如：劈、刺、斬等動作的力法

要剛些，撩、抹、帶、絞等動作的力法則要柔一些。從技擊上
講，進攻性的動作是處於主動，所以動作要快而有力，能擊中對
方。而防守性的動作則是處於被動，常要順對方動作的來勢用
力，所以動作柔和一些才有利於隨人而動伺機而攻。剛與柔的互
運是學練好劍術的一個重要環節，練習中要仔細體會。

第三節　基本劍法及劍法組合練習

一、基本劍法練習

劍法很多，這裡僅選一些常用的基本劍法進行介紹。練習
時，不持劍的一手成劍指，主要步型、步法、腿法、平衡、跳躍
等動作都同第五章，不再逐一介紹。

㈠刺劍：

動作含義：劍身呈立
劍（劍刃向上、下）或平
劍（劍刃向左、右），以
劍尖為力點直線刺向對
方。屬進攻性劍法。根據
所刺的部位和方向分直
刺、斜刺、進刺、退刺、
騰空刺、換手刺、轉身刺
等。

動作做法：

1.兩腳開步站立；右
手握劍呈立劍於身體右側，劍尖向前，右手變劍指於身體左側，
肘微屈；眼視前方。（圖七4①）

七4①

2.兩腳不動，右手握劍
提至腰右側，隨即臂由屈而
伸，將劍向前直線猛力刺
出。力達劍尖，拇指一側向
上；左手劍指隨之上抬附於
右前臂內側；眼視劍尖。
（圖七4②）

要點：向前直刺要轉腰
順肩，發力迅猛，力達劍
尖，右臂與劍身成一直線。

七4②

練習方法：

1.原地開步站立
做向前、向上或向下
刺劍練習，以體會並
掌握刺劍要點及運動
路線。

七4③

2.結合步型、步法
做行進間的刺劍練習。
如：弓步前刺劍→上步
→帶劍→弓步向前刺
劍。（圖七4①、③、
④、⑤）

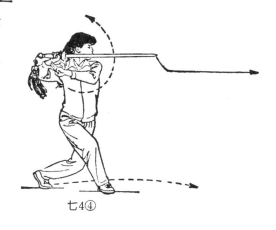

易犯錯誤：

1.在刺的過程中沒
有明顯的伸肘動作。

七4④

七4⑤

2.劍與臂不成一直線，力未達劍尖。

糾正方法： 多做原地刺劍練習。練習時，注意右臂要有先屈肘上抬、伸臂過程，肘不能離開肋部，接近伸直時要快速內旋前臂，扣腕，這樣就能使劍和臂保持一直線，力達劍尖。

㈡劈劍：

動作含義： 劍身呈立劍，由上向前、向下劈擊對方。屬進攻性劍法。分左右掄劈劍和後掄劈劍。

動作做法：

1.兩腳開步站立：右手握劍呈立劍於身體右側，劍尖向前，左手變劍指垂於身體左側，肘微屈；眼視前方。（圖七5①）

2.兩腳不動；右手握劍直臂上舉，劍尖向上，右手劍指上抬於右腋下。（圖七5②）

3.右手握劍以劍身爲力點直臂向前劈擊，拇指一側向上，劍尖向前，左劍指位置不變；眼視劍尖。（圖七5③）

要點： 劍與右臂成一直線，力達劍身。

練習方法：

七5①

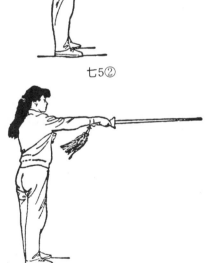

七5②

1.原地開步站立，做
向前或向側的劈劍練習，
體會並掌握動作路線及要
點。（圖七5①、②、③）

2.結合步型、步法做
行進間劈劍練習。如：開
步站立→上步叉步向後掄
劈→上步弓步掄劈。（圖
七5①、④、⑤）

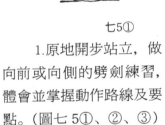

七5③

易犯錯誤：劍與臂不成一直線，力點不準。

糾正方法：劈劍時，造成劍、臂不能成一直線的原因，通常

七5④

七5⑤

是握把太死，腕關節僵硬，因此，在練習過程中要注意放鬆手和
腕部，但又不能過分，劈劍接近終點時，要扣腕，這樣就能劍、
臂成一直線。

㈢撩劍：

動作含義：劍由下向上撩擊對方，力達劍身前部。屬攻擊性
劍法。分正撩劍和反撩劍。

動作做法：

1.兩腳開步站立；右手握劍呈立劍於身體右側，劍尖向前，左手變劍指垂於身體左側，肘微屈；眼視前方。（圖七6①）

2.兩腳不動；右手握劍向後、向上劃弧，左劍指附於右前臂內側。（圖七6②）

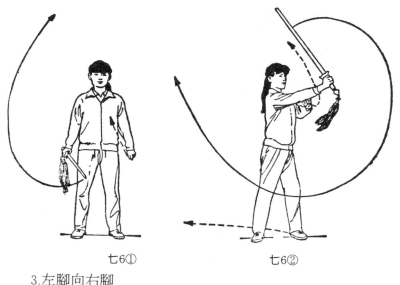

七6①　　　　　　　　七6②

3.左腳向右腳後插步；同時，右手握劍內旋臂，使劍向下沿身體右側向後上方反撩，力達劍身前部，拇指一側向下，左劍指向左，向頭上方亮指；眼視劍尖。（圖七6③）

七6③

4.右腳向後撤步；同時，右手握劍臂外旋，使劍向下沿身體右側向前上方劃弧撩出（正撩劍）；左劍指下移，附於右前臂內側；眼視劍尖。（圖七6④）

七6④

要點：反撩劍時，身體向右擰轉，做正撩劍時身體向左擰轉，手腕要鬆活一些，用力要柔和，並注意要以腰帶劍，力達劍刃前端。

練習方法：

1.做原地的撩劍練習，體會並掌握動作路線及要點。下肢不動。（圖七6①、②）

2.結合步型、步法做行進間撩劍練習。（圖七6①、②、③、④）

易犯錯誤：劍不貼身。

糾正方法：造成劍不貼身的原因主要有二：一是握把太緊，二是轉腰不充分。要多做原地的撩劍練習，並注意轉腰要充分，握把要鬆活。

（四）斬劍：

動作含義：劍身呈平劍，以劍刃的一側向左或向右橫擊對方。屬攻擊性劍法。

動作做法：

1.兩腳開步站立；右手握劍呈立劍於身體右側，劍尖向前；左手變劍指垂於身體左側，肘微屈；眼視前方。（圖七7①）

2.兩腳不動；右手握劍臂內旋上抬，肘微屈，使劍呈平劍於身體左前方，左劍指上移附於右前臂內側；眼視前方。(圖七7②)

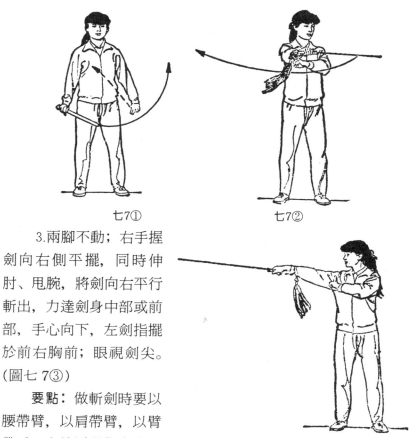

七7①　　　　　　　　　　七7②

3.兩腳不動；右手握劍向右側平擺，同時伸肘、甩腕，將劍向右平行斬出，力達劍身中部或前部，手心向下，左劍指擺於前右胸前；眼視劍尖。(圖七7③)

要點：做斬劍時要以腰帶臂，以肩帶臂，以臂帶手，在接近動作完成時，

七7③

手腕迅速平甩，以增斬劍的力量。劍與右臂要成一直線。

練習方法：

1.反覆做原地斬劍練習，速度由慢而快，體會並掌握動作要點。(圖七7①、②、③)

2.結合步型、步法做行進間的斬劍練習。如：並步握劍→插步斬劍→撤步弓步斬劍。(七 7④、⑤、⑥、⑦)

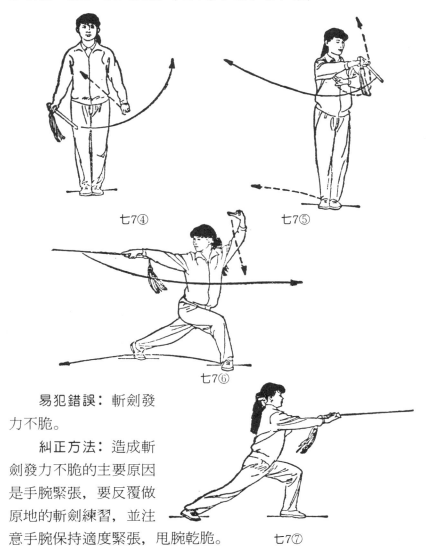

七7④

七7⑤

七7⑥

易犯錯誤： 斬劍發力不脆。

糾正方法： 造成斬劍發力不脆的主要原因是手腕緊張，要反覆做原地的斬劍練習，並注意手腕保持適度緊張，甩腕乾脆。

七7⑦

(五)**點劍:**

動作含義:劍身呈立劍,以劍尖為力點向下點擊對方。屬攻擊性劍法。

動作做法:

1.兩腳開步站立;右手握劍呈立劍於身體右側,劍尖向前;左手變劍指垂於身體左側;眼視前方。(圖七 8①)

2 兩腳不動;右手握劍上提至腰側,隨即臂由屈向前伸出,腕關節上提,使劍尖向前下點擊,右劍指上抬附於右前臂內側;眼視劍尖。(圖七 8②)

七8①　　　　　　　七8②

要點:向前點擊時,要配合轉腰、順肩,迅猛扣腕,以加大點擊的力量。

練習方法:

1.做原地向前點劍的反覆練習,動作由慢到快,體會並掌握點劍要點。(圖 8①、②)

2.結合步型、步法做行進間的點劍練習。如:弓步點劍→上步腕花→弓步點劍(圖七 8①、③、④、⑤)。體會並掌握身械的協調配合。

七8③

易犯錯誤：扣腕無力。

糾正方法：加強腕部的力量，反覆做原地向前點劍練習，並注意快速扣腕。

(六)崩劍：

動作含義：劍身呈立劍，以劍尖爲力點猛向上崩擊對方。屬攻擊性劍法。

七8④

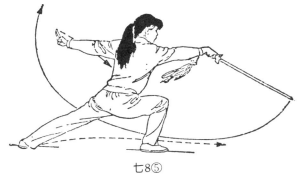

七8⑤

動作做法：

1.兩腳開步站立；右手握劍呈立劍於身體右側，劍尖向前，左手變劍指垂於身體左側，肘微屈；眼視前方。（圖七9①）

2.兩腳不動；右手握劍向前伸臂，腕關節快速下沉，使劍尖猛向前上崩擊，左劍指上移附於右前臂內側；眼視劍尖。（圖七9②、③）

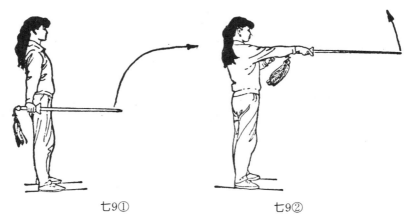

七9①　　　　　　　　七9②

要點： 腕關節下沉要快速有力，力達劍尖。

練習方法：

1.做原地崩劍的反覆練習，動作由慢到快，體會並掌握崩劍要點。（圖七9①、②、③）

2.結合步型、步法做行進間的崩劍練習。如：叉步側崩→上步腕花→蓋步成叉步崩劍。（圖七9①、④、⑤、⑥）

七9③

七9④

七9⑤　　　　　　　　七9⑥

易犯錯誤：沉腕不夠有力，力不能達於劍尖。

糾正方法：造成的原因是腕部僵硬，需加強腕關節靈活性及力量的練習。反覆做原地的崩劍練習，並注意快速沉腕，使力達劍尖。

㈦截劍：

動作含義：以劍身的前端為力點，向斜上或斜下截擊對方的腕部。屬攻擊性劍法。分上截劍和下截劍。

動作做法：

1.兩腳開步站立；右手握劍呈立劍於身體右側，劍尖向前，左手變劍指垂於身體左側，肘微屈；眼視前方。（圖七10①）

2.兩腳不動；身體微向左轉；右臂外旋向左斜上方抬起，使劍身前端向斜上截擊（為上截劍），手心向上，左劍指附於右前臂內側；眼視劍尖。（圖七10②）

七10①　　　　　　　七10②

3.接上勢，身體微向右轉；右臂內旋，使劍身前端向斜下方截擊（為下截劍），手心向下，左劍指仍附於右前臂內側；眼視劍尖。（圖七10③）

要點：轉腰帶劍，力達劍刃的前端。

練習方法：

1.反覆做原地的上截、下截劍練習，動作由慢到快，體會並掌握截劍要點。（圖七10①、②、③）

七10③

2.結合步型、步法做行進間的截劍練習。如：左弓步上截劍→上步腕花→左弓步上截劍。（圖七10①、④、⑤、⑥）

易犯錯誤：腕部僵硬，力點不準。

糾正方法：加強腕部靈活性和原地上、下截劍的練習，並注意旋腕要快速有力。

七10④

七10⑤

七10⑥

(八)挂劍：

動作含義： 劍身呈立劍，以劍的一側向下、向後或向上貼身挂防對方來械。屬防守性劍法。分上挂、下挂和掄挂。

動作做法：

1.兩腳開步站立；右手握劍呈立劍於身體右側，劍尖向前，左手成劍指垂於身體左側，肘微屈；眼視前方。（圖七11①）

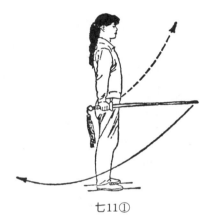

2.兩腳不動；身體先向左轉再向右擰轉；同時，右手握劍向後、向上、向前、向下經身體左側向後挂劍（爲上下挂劍），左劍指先前伸，隨劍向下、向後挂附於右前臂內側；眼視劍尖。（圖七11②、③）

七11①

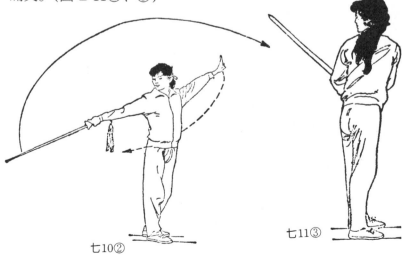

七10②

七11③

　　要點：挂劍時要迅速扣腕，劍要貼身走立圓，力達劍身前端。

　　練習方法：

　　1.慢做原地的左、右上下挂劍練習，體會挂劍要點。（圖七11①、②、③）

　　2.在掌握要點後做快速原地左、右上下挂劍練習。

　　3.結合步法做行進間的上步挂劍練習。（圖七11①、②、④、⑤）

七11④　　　　　　　　七11⑤

　　易犯錯誤：挂劍時劍不貼身。

　　糾正方法：造成劍不貼身的原因是扣腕和轉腰不夠，需反覆做原地的左、右挂劍練習，並注意快速扣腕和轉腰的配合動作。

　　㈨**絞劍：**

　　動作含義：劍身呈立劍或平劍，以劍的前端爲力點，沿順時針或逆時針方向繞圓。屬防守性劍法。

動作做法：兩腳開步站立；右手握劍呈立劍平舉於體前，劍尖朝前，左手變劍指附於右前臂內側，隨即，以右手腕爲軸沿順時針方向劃圓絞動，使劍尖隨之絞動；眼視劍尖。（圖七 12②）

要點：在做絞劍的過程中，腰、背、肩、肘、腕都要放鬆，用力要柔和，要力達劍身前端。

練習方法：

1.原地反覆做順、逆時針方向的絞劍練習，體會並掌握要點。（圖七 12①）

2.結合步法做上步或退步的絞劍練習。（圖七 12②、③、④、⑤、⑥）

易犯錯誤：肩、臂、腕僵硬，絞劍不圓活。

糾正方法：反覆做原地絞劍練習，練習時，注意先調整腰、背、肩、臂、腕的放鬆，再以腕動帶動劍動。

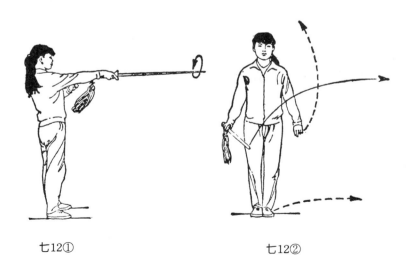

七12①　　　　　　　　七12②

七12③

七12④

七12⑤

七12⑥

㈩**穿劍：**

　動作含義：劍身呈平劍，以劍尖爲力點，經體前向右、左或前弧形穿出。意在自身閃躲的同時將劍穿出，擊向對方。分平穿劍、後穿劍和掄劍。

　動作做法：

　1.兩腳開步站立；右手握劍呈立劍於身體右側，劍尖向前，左手成劍指垂於身體左側，肘微屈；眼視前方。（圖七13①）

　2.兩腳不動；右手握劍先外旋再內旋向右、向上經胸、腰前向右穿出（爲掄穿劍），拇指一側向上，劍尖向右，左劍指置於右胸前；眼視劍尖。（圖七13②、③、④、⑤）

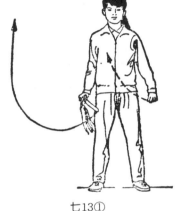

七13①

七13②

七13③

七13④

要點：當劍經胸前時要含胸，並向右轉腰，臂先屈後伸，劍要貼身向右穿出。

練習方法：

1.反覆做原地穿劍練習，動作由慢到快，體會並掌握動作要點。（圖七13①、②、③、④、⑤）

2.結合步型、步法做行進間的穿劍練習。（圖七13⑥、⑦、⑧、⑨）

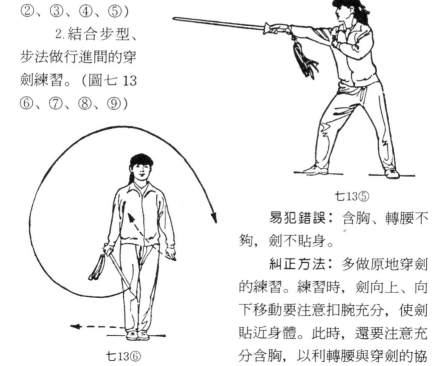

七13⑤

七13⑥

易犯錯誤：含胸、轉腰不夠，劍不貼身。

糾正方法：多做原地穿劍的練習。練習時，劍向上、向下移動要注意扣腕充分，使劍貼近身體。此時，還要注意充分含胸，以利轉腰與穿劍的協

調配合。

七13⑦

七13⑧

七13⑨

（十一）、雲劍：

動作含義：劍身呈平劍或立劍，由下向上托起，以防對方向我頭上擊來，同時旋腕，使劍尖劃弧擊向對方。分左雲劍和右雲劍。

動作做法：

1.兩腳開步站立；左手持劍於身體左側，劍尖向上，右手變劍指垂於身體右側，肘微屈；眼視前方。(圖七 14①)

2.兩腳不動；左臂內旋經胸前向頭上托劍，隨即以腕為軸，外旋前臂，使劍尖順時針方向在頭上繞一平圓。此為左雲劍。(圖七 14②、③、④)

七14①

七14②

七14③

七14④

　　3.兩腳開步站立；右手握劍，臂內旋，經胸前向頭上托劍，隨即以腕爲軸，臂內旋，使劍尖順時針方向在頭上繞一平圓。此爲右雲劍。（圖七14⑤、⑥、⑦）

七14⑤

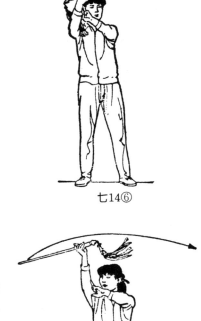

七14⑥

要點：手腕要鬆活，雲劍要快速，力達劍刃。

練習方法：

　　1.反覆做原地的左右手雲劍練習，動作由慢到快，體會並掌握雲劍要點。（圖七14①—⑦）

　　2.結合上步、轉身等做雲劍練習。

易犯錯誤：手腕僵硬，劍在頭上未走平圓。

糾正方法：做雲劍時，五

七14⑦

指鬆握劍格，腕部放鬆。同時可選做一些加強腕部靈活性的練習。

（十二）、剪腕花：

動作含義：當對方持劍向我中、下部刺來，我右手握劍以腕為軸下挂防守，並順勢向對方頭部劈擊。分正腕花和反腕花。

動作做法：

1.兩腳開步站立：右手握劍於身體右側成側舉勢，拇指一側向上，劍尖向右，左手變劍指垂於身體左側，肘微屈；眼視劍尖。（圖七 15①）

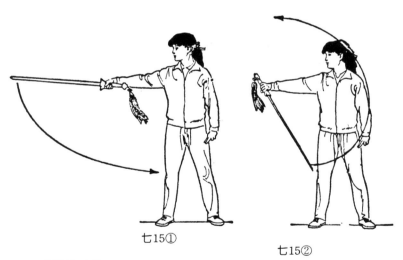

七15①

七15②

2.兩腳不動；右手以腕為軸，臂內旋，使劍向下經體前沿逆時針方向向左、向上、向右繞環一周（圖七 15②、③），然後臂外旋，使劍繼續向下經背沿逆時計方向繞環一周。此為正腕花。（圖七 15④、⑤、⑥）

3.兩腳不動；右手握劍沿順時針方向於體前、體後各繞環一

周。此爲反腕花。(圖七 15⑦、⑧、⑨、⑩)

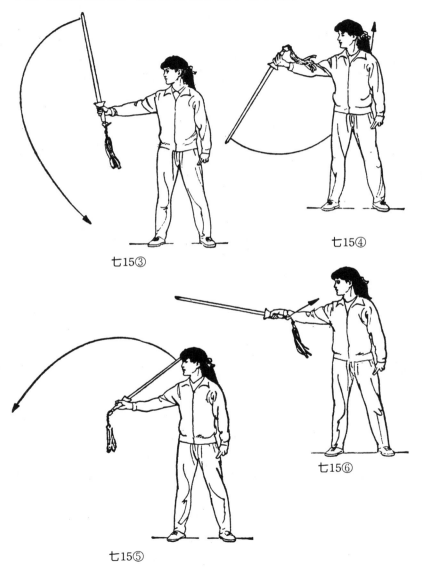

七15③

七15④

七15⑤

七15⑥

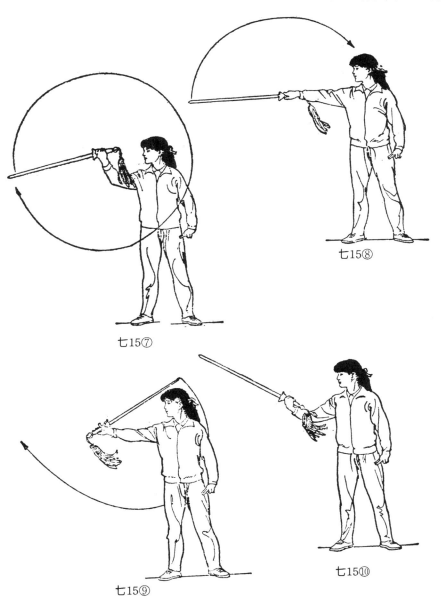

七15⑧

七15⑦

七15⑨

七15⑩

　　要點：腰、肩、肘、腕要放鬆，以拇指和食指爲主控制劍，使劍沿臂的兩側繞環，要快速有力。

　　練習方法：

　　1.反覆做原地正、反腕花練習，動作由慢到快，體會並掌握動作要點。（圖七 15①—⑩）

　　2.結合上步或退步做腕花練習。

　　易犯錯誤：手腕僵硬不活，劍不能沿臂快速繞環。

　　糾正方法：加強腕部靈活性的練習。反覆做原地正、反腕花練習，並注意盡量放鬆腰、肩、肘、腕，使劍沿臂快速繞環。

二、劍法組合練習

　　練習一：止步左右撩劍
→轉身腕花插步反撩劍→弓
步撩劍→轉身左弓步正劈劍
→轉身右弓步反劈劍→後點
步架劍。

　　動作做法：

　　上步左右撩劍：

　　1.兩腳並步站立；右手
握劍呈立劍於身體右側，劍
尖向前，左手變劍指垂於身
體左側，肘微屈；眼視前方
。（圖七 16）

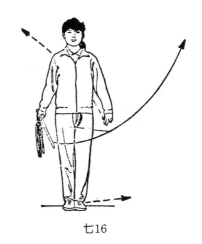

七16

　　2.左腳向左上步，右腳跟提起；同時身體左轉，右手握劍臂外旋，使劍沿身體右側向左前上方撩擊，拇指側向下，劍尖向前，左劍指隨轉體向左、向上擺成側平舉；眼視劍尖。（圖七17）

七17　　　　　　　　　　　七18

3.右、左腳相繼向前各上一步；同時身體向右轉；右手握劍沿身體左側向前撩擊，左劍指附於右前臂內側；眼視劍尖。(圖七 18、19)

轉身腕花插步反撩劍：

1.右腳向左腳後側插步；同時上體向右翻轉，右手握劍向上、向後劃弧，左劍指仍附於右前臂內側；眼視劍尖。(圖七20)

2.左腳向右腳後側插

七19

七20

步成叉步；同時身體向右
擰轉；右手握劍由上向下
於身體右側繞一立圓，隨
即向後反撩劍，拇指側向
下，劍尖斜向上，左劍指
向下、向上擺於頭的左上

七21

亮指；眼視劍尖。
（圖七21）

　　弓步撩劍：兩腳
不動；身體向左翻
轉；右手握劍向下經
身體右側向前撩擊，
左劍指向下落於右胸
前；眼視劍尖。（圖
七22、23）

七22

七23

轉身左弓步正劈劍：兩腳以前腳掌為軸向左碾轉，成左弓步；同時，身體左轉；右手握劍向上、向前劈劍，拇指側向上，左劍指仍置於右胸前；眼視劍尖。（圖七24）

七24

轉身右弓步反劈劍：兩腳以前腳掌為軸向右碾轉，成右弓

步；同時，身體向右轉，右手握劍臂外旋向上、向前反劈，拇指
側向下，左劍指成側平舉；眼視劍尖。（圖七 25）

七25

後點步架劍：右腿伸直，左腳向前跟半步，腳尖著地成後點步；同時，身體向右轉，右手握劍臂內旋向上架於頭的右上方，拇指側向下，劍尖向前；左劍指屈臂置於右胸前；眼視前方。（圖七 26）

可重複圖七 14—25 的動作，惟方向相反。

要點：

1.連續撩劍動作要以腰帶臂，劍始終貼近身體繞立圓，動作銜接要連貫。

七26

2.做腕花動作時注意放鬆手腕，主要以拇指和食指控制劍的運轉，使劍能靈活轉動。

3.正、反劈劍動作要脆快有力。

練習二： 上步左右挂劍→翻身挂劍→僕步刺劍。

動作做法：

上步左右挂劍：

1.兩腳開步站立；右手握劍呈立劍於身體右側，劍尖向前，右手變劍指垂於身體左側，肘微屈；眼視前方。（圖七27）

2.右腿支撐，左腿屈膝提起；同時，身體先向右轉再向左轉；右手握劍向後、向上劃弧，左劍指先向前伸再向下劃弧；眼視左側。（圖七28、29）

七27

3.左腿向前落步屈膝；同時身體向左擰轉，右手握劍向下沿身體左側向後挂劍，左劍指附於右前臂內側；眼視劍。（圖七30）

七28

七29   七30

4.右腿上步屈膝；同時身體向右擰轉；右手握劍隨轉腰向上、向前沿身體右側向後掛劍，左劍指前伸；眼視劍。（圖七31、32）

七31   七32

翻身挂劍：身體左轉，左腿向右腳後插步，以兩腳前腳掌爲軸向左碾轉，同時，身體向左翻轉；右手握劍隨翻身向前、向下沿身體右側向上、向下挂劍，左臂伸直隨身體翻轉，然後屈臂將劍指附於右前臂內側；眼視劍尖。(圖七 33、34、35、36)

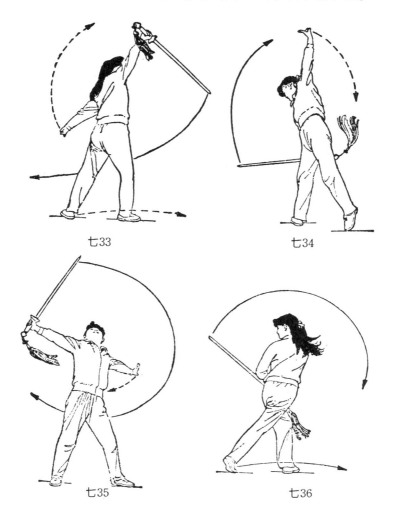

七33

七34

七35

七36

僕步刺劍：

1.右腳向前上步；同時身體向右轉，右手握劍向上、向前挂劍，左劍指仍附於右前臂內側。（圖七37）

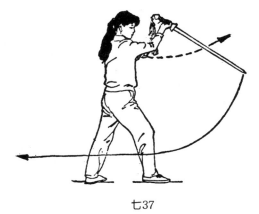

七37

2.左腳向前上步，屈膝下蹲，右腿伸直，成僕步；同時，身體向右轉；右手握劍向下經右腿側向前伸臂直刺，拇指側向上，劍尖向前，左劍指向左側上舉；眼視劍尖。（圖七38）

七38

要點：左右挂劍時，腕要扣，劍要貼近身體，挂劍要快速有力。

練習三：左右順腕花→左丁步點劍→左弓步撩腕花→翻身順腕花歇步抱劍→右弓步刺劍。

動作做法：

左右順腕花：

　1.兩腳並步站立；右手握劍呈立劍置於身體右側，劍尖向前，左手變劍指垂於身體左側；眼視前方。(圖七 39)

　2.左腳向左邁步；同時身體先向左轉再向右轉；右手握劍向左經體前向上繞立圓，隨即向下經體後向下、向左、向上繞立圓至身體右側呈立劍，左劍指移置於右前臂內側；眼視劍。（圖七40、41）

七39

七40　　　　　　　七41

　左丁步點劍：右腿屈膝支撐，左腿向右腿靠攏，以腳尖著地，成左丁步；右手握劍向右、向下快速扣腕點劍，拇指側向上，左劍指向左、向上劃弧亮指於頭的左上方，手心向上；眼視劍尖。(圖七 42)

　左弓步撩腕花：

1.左腳向左後邁步，屈膝，右腿伸直；身體向左側傾；同時，右手握劍向上經身後向下、向前繞立圓，左劍指附於右臂內側；眼視劍。（圖七43、44）

七42

七43

七44

2.右腳從左腳後撤步；右手握劍向上經體前向左、向下、向上繞立圓，左劍指仍附於右臂內側；眼視劍。（圖七 45）

翻身順腕花歇步抱劍：

1.以兩腳前腳掌為軸向右碾轉，使身體向右轉；右手握劍隨轉體向右上帶劍。（圖七 46）

七45　　　　　　　　　七46

2.左腳向前上步，身體右轉，隨即右腳向左腳後插步，兩腿屈膝全蹲，成歇步；右手握劍隨轉體在頭上繞平圓，隨即向下經體前向左、向上、向前繞立圓，然後收抱劍於胸前，左劍指先向左側伸展，而後屈肘於右腕處；眼視劍尖。（圖七 47、48）

七47

七48

右弓步刺劍：右腳向前上步、屈膝，左腿蹬伸成右弓步；右手握劍向前直刺，拇指側向上，左劍指向後平伸；眼視劍尖。（圖七 49）

可重複圖七 39—49 動作練習，惟方向相反。

七49

要點：

1.腕花時，手腕要放鬆，主要以拇指和食指控制劍，使劍能貼近身體而快速靈活地轉動。

2.翻身時，要以腰為軸帶動劍的運動。

3.腕花劍用力要柔和，點、刺劍用力要快捷。

練習四：轉身雲劍→右手接劍右弓步斬劍→轉身雲劍→右弓步刺劍。

動作做法：

轉身雲劍：

1.兩腳並步站立；左手持劍置於身體左側，肘微屈，劍尖向上；右手變劍指置於身體右側，肘微屈；眼視前方。（圖七 50）

2.右腳向右邁步，屈膝；左手持劍側舉，右劍指向右伸臂；眼視右方。（圖七 51）

七50　　　　　　　　　　七51

3.左腳向右腳前蓋步，以兩腳前腳掌為軸向右碾轉；同時，身體向右轉；左手持劍隨轉體向頭上托起，並在頭上繞一平圓，隨即收抱於體前；右劍指亦隨身體轉動於體前接握劍柄；眼視劍。（圖七 52、53、54、55）

右手接劍右弓步斬劍：右腳向右邁步，屈膝，左腿蹬直，成右弓步；同時，身體右轉；右手接握劍向右側平斬，手心向下，劍尖向右，左劍指向左側平伸；眼視劍尖。（圖七 56）

七52

七53

七54

七55

轉身雲劍：

　1.左腳向右腳前蓋步，兩腿微屈膝；同時，身體向右轉；右

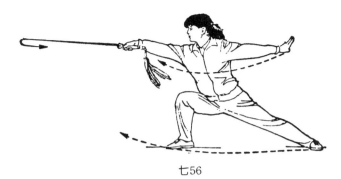

七56

手握劍隨轉體回帶於胸前，手心向上；左劍指收附於右前臂內側；眼視劍。（圖七57）

　　2.身體繼續向右轉；右手握劍向頭上托起，隨轉體在頭上繞一平圓，左劍指仍附於右臂內側。（圖七58、59）

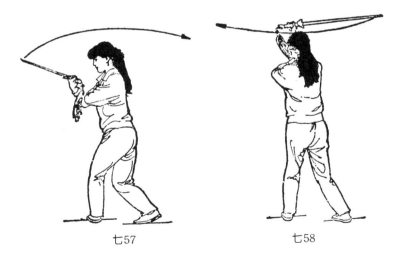

七57　　　　　　　　　　七58

　右弓步刺劍：

　　1.左腿支撐，右腿屈膝提起；右手握劍收抱於胸前；眼視劍尖。（圖七60）

2.右腿向前落步，屈膝，左腿蹬伸，成右弓步；右手握劍向前伸臂直刺，拇指側向上，劍尖向前，左劍指向後平伸；眼視劍尖。（圖七61）

七59　　　　　　　　　　七60

七61

要點：

1.轉身與雲劍要協調一致，劍在頭上要繞平圓。

2.交接劍要準確、快速。

第四節　劍術基礎套路練習

一、動作名稱

預備勢

第一段

    1.弓步直刺

    2.回身後劈

    3.弓步平抹

    4.弓步左撩

    5.提膝平斬

    6.回身下刺

    7.挂劍直刺

    8.虛步架劍

第二段

    1.虛步平劈

    2.弓步下劈

    3.帶劍前點

    4.提膝下截

    5.提膝直刺

    6.回身平崩

    7.歇步下劈

    8.提膝下點

第三段

    1.並步直刺

    2.弓步上挑

    3.歇步下劈

    4.右截腕

    5.左截腕

    6.躍步上挑

    7.僕步下壓

    8.提膝直刺

第四段

    1.弓步平劈

    2.回身後撩

    3.歇步上崩

    4.弓步斜削

    5.進步左撩

    6.進步右撩

    7.坐盤反撩

    8.轉身雲劍

    結束動作

二、動作說明

　　預備勢：身體正直，並步站立。左手持劍，手背朝前，劍身貼於前臂後側。右手握成劍指，手背朝上，兩臂在體側下垂，兩

肘微上提。目向左平視。(圖七62)

　　要點: 持劍時，前臂與劍身要緊貼並垂直於地面。兩肩鬆沉，上身微挺胸、收腹，兩膝挺直。

(一)

　　①上身半面向右轉，右腳向右上一步、屈膝；左腳前腳掌碾地，腳跟外展，膝蓋挺直，成右弓步。在右腳上步的同時，右手劍指從身體右側經胸前屈肘上舉，至左肩後向右前方平伸指出，拇指一側在上。目視劍指。(圖七63)

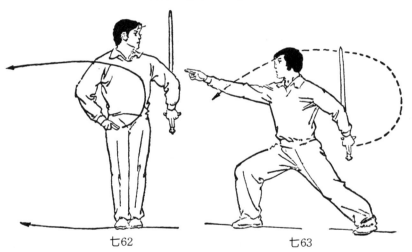

七62　　　　　　　　　七63

　　②上身右轉。左手持劍由左側直臂上舉，經頭部前上方向右側劃弧，至身前時，拇指一側朝下作反臂平舉；同時，右手劍指屈肘收於右腰側，手心朝上。(圖七64)

　　③左腳向右腳並步。左手持劍隨之下落，垂於身體左側；同時，右手劍指向右側平伸指出，拇指一側在上。目視劍指。(圖七65)

　　要點:

　　①上述的上步劍指平伸、轉體持劍向右側劃弧和並步劍指平

伸三個分解動作，必須連貫起來做。

②動作過程中，兩肩必須放鬆。

③持劍轉體向右側劃弧時，左臂直臂上舉，腰向右擰轉，兩腳不可移動。

④左臂向右側劃弧至與肩同高時，肘略屈，使右手劍指從左手背上穿出成立指。左手持劍繼而下落於身體左側，劍身垂直於地面。

七64　　　　　　　　　　　七65

動作含義：

①設對方從右側向我胸、腹部擊來，我即以右臂向內、向上經身前上挂防其來拳，同時我右腳向右側邁步接近對方，右劍指點擊對方的咽喉部位。

②對方以右拳向我胸部擊來，我身體速向左擰閃開，同時左手持劍向前、向下以劍柄壓擊其來臂，隨即並左步，右劍指點擊對方的咽喉。

(二)

①左腳向左上步、屈膝；右腳前腳掌碾地使腳跟外展，膝部

挺直，成左弓步。上身隨之向左轉。在左腳上步的同時，左手持
劍屈肘經胸前向上、向前弧形繞環，平舉於身體左側，拇指一側
在下。(圖七 66)

　　②左腿伸直站立，右腳向前並步。左手持劍隨之從身前下
落，垂於身體左側；同時，右手劍指屈肘沿右耳側向前平伸指
出，拇指一側在上。目視劍指。(圖七 67)

七66　　　　　　　　　　　　七67

　　要點：右手劍指向前指出時，肘要伸直，劍指尖稍高過肩。
　　動作含義：
　　①設對方從左側向我胸、腹部擊來，我左手持劍向內、向上繞
臂掛防，同時左腳向左邁步接近對方，以劍柄爲力點掄打對方頭部。
　　②對方躲閃，又以右(左)拳向我胸部擊來，我即以左手向
下掛防，同時跟右步，右手劍指戳向對方的咽喉。

(三)

　　①左手持劍由右手劍指上面向前平伸穿出，拇指一側在下；
右手劍指順左臂下面屈肘收於左肩前，並且屈腕使手指朝上。上

身右轉；右腳向右側跨步、屈膝；左腳腳尖隨之裡扣，膝蓋挺直，成右弓步。目向左平視。（圖七 68）

七68

②上身右轉，右手劍指經身前向右側平伸指出，拇指一側在上。目視劍指。（圖七 69）

要點：成右弓步時，左腿要挺直，兩腳的全腳掌均著地。上身略向前傾，挺胸、塌腰。左手持劍伸平，左肩放鬆。

七69

動作含義：

①對方以左拳向我胸、腹部擊來，我退右步閃身，同時右手壓防對方來拳，左手持劍穿出，以劍柄爲著力點，擊打對方的胸、腹部位。

②若右側有人向我逼近，我速撩右劍指，擊打來者的襠部。

(四)

右腳的前腳掌裡扣，上身左轉，重心落於右腿；右腳隨之移回半步、屈膝，並以前腳掌虛著地面，成左虛步。在左腳移步的同時，左手持劍向胸前屈肘，手心朝外；右手劍指也向胸前屈肘，手心朝裡，準備接握左手之劍。目視劍尖。(圖七70)

七70

要點：做左虛步時，右實左虛要分明，右腳跟不要掀起。上身要挺胸、塌腰，並稍前傾。兩肘要平，劍尖稍高於左肘。

動作含義：若對方向我下盤猛力擊來，我即向左轉身收左腳躲閃，同時屈肘抱劍，以劍的前端抹帶對方的中盤。

第一段

1.**弓步直刺：**右手接握左手之劍，左手握成劍指。左腳向前上半步、屈膝；右腳前腳掌碾地，腳跟外展，膝部挺直，成左弓步。同時，上身左轉，右手持劍向身前平伸直刺，拇指一側在

上；左手劍指隨之伸向身後平舉，拇指一側在上。目視劍尖。
(圖七 71)

七71

　　要點：做弓步時，前腿屈膝蹲平，兩腳的全腳掌全部著地。
上身稍向前傾，腰要向左擰轉、下塌，臀部不要凸起。兩肩鬆
沉，右肩前順，左肩後引。劍尖稍高於肩。

　　動作含義：接上勢，對方欲退，我即上左步，同時右手接握
劍刺向對方胸部。

　　2.回身後劈：左腳不動，膝部伸直，右腳向前上一步，膝略
屈，上身右轉。同時，右手持劍經上向後劈，劍高與肩平，拇指
一側在上；左手劍指隨之由下向前上弧形繞環，在頭頂上方屈肘
側舉，拇指一側在下。目視劍尖。(圖七 72)

　　要點：上步、轉身、平劈和劍指向上側舉必須協調一致。轉
身後，腰要向右擰轉，左腳不要移動。劍身和持劍臂必須成直
線。

　　動作含義：接上勢，對方持械從身後向我擊來，我則右腳向前
上步，腰向右轉閃躲，同時右手持劍回劈，擊向對方腕部或頭部。

七72

3.**弓步平抹：**左腳向左前方上一步、屈膝；右腿在後，膝部挺直，腳尖裡扣，成左弓步。同時，左手劍指由胸前下降，經左下向上弧形繞環，在頭頂上方屈肘側舉，拇指一側在下；右手持劍（手心轉向上）隨之向前平抹，劍尖稍向右斜。目視前方。（圖七73）

七73

要點：抹劍時，手腕用力須柔和。

動作含義：接上勢，對方持械（除有刃器械外）向我左肋擊來，我則迅速左轉身上左步，同時左手向下、向外格擋，右手持劍由後向前平抹對方中盤。

4.弓步左撩：

①上身左轉，右腿屈膝在身前提起，腳尖下垂，腳背繃直。同時，右手持劍臂外旋使劍由前向上、向後劃弧，至後方時屈肘使手腕、前臂貼靠腹部，手心朝裡；左手劍指隨之由頭頂上方下落，附於右手腕部（手心朝下）。目視劍身。（圖七74）

②右腿繼續向右前方落步、屈膝；左腿在後蹬直，腳尖裡扣，成右弓步。同時，右手持劍由後向下、向前反手撩起，小指一側在上；左手劍指隨右手運動，仍附於右手腕處。目視劍尖。（圖七75）

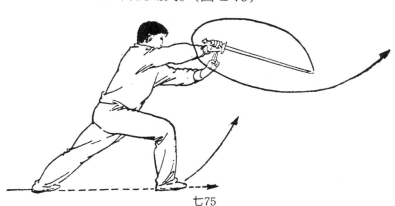

七74

七75

　　要點：劍由前向後和由後向前弧形撩起時，必須與提膝和向前落步的動作協調一致，握劍不可太緊。形成弓步後，上身略向前傾，直背、收臀，劍尖稍低於劍指。

　　動作含義：接上勢，設對方持劍向我頭部或胸部刺來，我順其來勢，右手持劍回帶防於身前，隨即上右步，右手持劍經身體左側向前反撩對方的襠、腹部位。

　　5.**提膝平斬**：左腳向前上一步，右手手腕向左上翻轉、屈肘，使劍向左平繞至頭部前上方，右腳隨之由後向身前屈膝提起。右手繼續翻轉手腕，使劍向右平繞至右方後（手心朝上），再用力向前平斬；左手劍指由下向左、向上弧形繞環，屈肘橫舉於頭部左上方。目視前方。（圖七76）

七76

　　要點：劍從左向後平繞時，上身必須後仰，使劍從臉部上方平繞而過，不可從頭頂繞行。提膝時，左腿必須挺膝伸直站穩，右腿屈膝盡量上提，右腳貼護襠前，上身稍向前傾，挺胸、收腹。

　　動作含義：接上勢，對方持劍向我頭部劈來，我速上左步接

近對方，同時右手持劍外旋腕，使劍身在頭上雲架對方劈劍，隨即繼續外旋右腕使劍經右向前平斬對方的頸部。

6.**回身下刺**：右腳向前落步，腳尖外撇，膝略屈，上身右轉。同時，右手持劍手腕反屈，使劍尖下垂，隨之向後下方直刺，劍尖低於膝，拇指一側在上；左手劍指先向身前的右手靠攏，然後在刺劍的同時，向前上方伸直，拇指一側在上。目視劍尖。（圖七77）

七77

要點：右手持劍要先屈肘收於身前，在右腳向前落步和上身右轉的同時，將劍用力刺出。左腿伸直，右腿稍屈，腰向右擰轉，劍指、兩臂和劍身須成一直線。

動作含義：接上勢，設對方持劍從身後向我背部刺來，我右腳向前落步，身體右轉並閃躲，同時右手持劍向對方膝部刺去。

7.**挂劍直刺**：

①左腳向前上一步，屈膝略蹲，右臂內旋先使拇指一側朝下成反手，然後翹腕、擺臂，使劍尖向左、向上抄挂，當時劍手抄至左肩時，再屈肘使劍平落於胸前，手心朝裡；此時左

七78

腿伸直站立，右腿隨之在身前屈膝提起，左手劍指屈肘附於右手腕處。(圖七 78)

　　②接著，以左腳前腳掌碾地，上身右轉，右手持劍使劍向下插，左手劍指仍附於右手腕處。目視劍尖。(圖七 79)

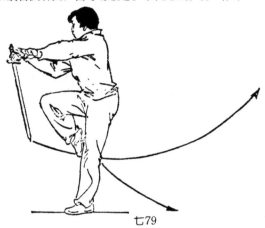

七79

　　③上動不停，仍以左腳前腳掌為軸碾地，右腳向身後跨一大步、屈膝，上身從右向後轉；左腿在後蹬直，腳尖裡扣，成右弓步。同時，右手持劍向前直刺，劍尖與肩同高，拇指一側在上；

七80

左手劍指隨之向後平伸，拇指一側在上。目視劍尖。（圖七80）

要點：挂劍、下插、直刺三個分解動作必須連貫，它們與跨步、提膝、轉身、弓步的動作要協調一致。弓步直刺後，兩腳全腳掌均著地，上身稍向前傾，挺胸、塌腰。

動作含義：接上勢，設對方持劍從身前向我右腿刺來，我右手持劍向前、向上挂防，同時上左步接近對方，隨即速轉身上右步，右手持劍刺向對方的胸或咽喉。

8.虛步架劍：

①右手持劍先將劍尖由左向右攪一小圈，臂內旋使持劍手的拇指一側朝下。同時，以右腳跟和左腳前腳掌為軸碾地，右腳尖外撇，上身從右向後轉，左腳向前收攏半步，兩膝均略屈成交叉步。在轉身的同時，右手持劍反手向後上方屈肘上架；左手劍指屈肘經左肩前附於右手腕處。目向左平視。（圖七81）

七81　　　　　　　七82

②右腿屈膝不動，左腳向前進一步，膝蓋稍屈，前腳掌虛著地面，重心落於右腿，成左虛步。在右手持劍略向後牽引的同時，左手劍指向前平伸指出，手心朝下。目視劍指。(圖七82)

要點：虛步必須虛實分明，右肘略屈使劍身成立劍架於額前上方，左臂伸直，劍指稍高過肩。

動作含義：接上勢，設對方持劍向我頭部擊來，我身體速向後坐，右手持劍回帶上架防於頭上。隨即左劍指點戳對方的咽喉或右肋部。

第二段

1.**虛步平劈**：左腳腳跟外展，上身右轉，重心移於左腿，右腳跟隨之離地，成為前腳掌虛著地面的右虛步。在轉身的同時，右手持劍向下平劈，拇指一側在上；左手劍指即向上屈肘，手心向左上方。目視劍尖。(圖七83)

七83

要點：虛步必須虛實分明，劈劍時手腕要挺直。

動作含義：接上勢，設對方持劍向我右肋擊來，我速向右轉體閃躲，同時左手持劍向其腕部劈擊。

2.弓步下劈：

右腳踏實，身體重心前移，左手劍指伸向右腋下，右手持劍臂內旋使手心朝下。左腳隨即向左前方上步、屈膝；右腿在後蹬直，腳尖裡扣，成左弓步。在左腳上步的同寺，右手持

七84

劍屈膝向左平繞，劃一小圈後向前下方劈劍，劍尖高與膝平；左手劍指隨之由右腋下面向左、向上繞環，在頭頂上方屈肘側舉，上身略前俯。目視劍尖。(圖七84)

要點：劈劍時，右肩前順，左肩後引，劍尖與手、肩成一直線。

動作含義：接勢，設對方持劍向我右手腕截擊，我右手持劍旋臂閃開，同時以劍身撥打對方的器械，隨即左腳向前上步，右手持劍向對方腿部劈擊。

3.帶劍前點：

①右腳向左腳靠攏，以前腳掌虛著地面，兩腿均屈膝略

七85

蹲。右手持劍向上屈腕，使劍向右耳際帶回，肘微屈；左手劍指

隨之向前下落，附於
右手腕處。目向右前
方平視。（圖七 85）

　　②上動不停，右
腳向右前方躍一步，
落地後即屈膝半蹲，
全腳著地；左腳隨之
跟進，向右腳並步屈
膝，以腳尖點地，成
丁步。同時，右手持

七86

劍向前點擊，拇指一側在上；左手劍指即屈肘向頭頂上方側舉，
手心朝上。目視劍尖。（圖七 86）

　　要點：向前點擊時，右臂前伸、屈腕，力點在劍尖，手腕稍
高於肩，劍尖略比手低。成丁步後，右腿大腿盡量蹲平，左腳腳
背繃直，腳尖點在右腳腳弓處，兩腿必須併攏。上身稍前傾，挺
胸、直背、塌腰。

　　動作含義：接上
勢，設對方持劍向我頭
部刺來，我上體向左閃
躲，同時右手持劍回帶
防開來劍，隨即上步逼
近對方，並以劍尖向其
腕部點擊。

　　4.提膝下截：

　　①右腿伸直，左腿

七87

退步後屈膝，上身後仰。右臂外旋手心朝上，使劍向右、向後上
方弧形繞環；左手劍指不動。（圖七 87）

②上動不停，右臂內旋使手心朝下，繼續使劍向左、向前下方劃弧下截，同時上身向前探傾，左腿屈膝提起。目視劍尖。（圖七88）

要點：劍從右向左的圓形劃弧下截是一個完整動作，必須連貫起來做。左膝盡量高提，腳背繃直；右腿膝部挺直，站立要穩。右臂和劍身成一直線，劍身斜平。

七88

動作含義：接上勢，設對方持劍向我頭部刺來，我左腳向左撤步，上體後仰閃躲，同時右手持劍回帶防開對方來械，隨即旋臂翻腕以劍的前端截擊對方的膝部。

七89

5.提膝直刺：

①右腿略屈膝，左腳向前落步，腳尖外撤。右臂外旋使手心朝上，並在左腳落步的同時向上屈肘，將劍柄收抱於胸前，手心朝裡，劍尖高與肩平；左手劍指隨之下落，屈肘按於劍柄上。此時兩腿成為交叉步，目視劍尖。（圖七89）

　　②右腿向身前屈膝提起，左腿伸直站立。右手持劍向前平直
刺出，拇指一側在上；同時左手劍指向後平伸指出，手心朝下。
目視劍尖。（圖七 90）

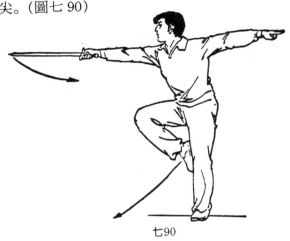

七90

　　要點：抱劍與落步，直刺與提膝，必須協調一致。
　　動作含義：接上勢，設對方持劍向我胸部刺來，我右手持劍
速向胸帶回防守，同時
左腳向右側落步接近對
方，隨即向對方胸或咽
喉刺出。

　　6.回身平崩：

　　①右腳向前落步，
腳尖外撇；左腳前腳掌
碾地使腳跟外轉，屈膝
略蹲，同時上身向右後
轉，成交叉步。右手持

七91

劍臂外旋使手心朝上，屈肘向胸前收回，劍身與右前臂成水平直

線；左手劍指隨之直臂上舉，經左耳側屈肘前落，附於右手心上面。目視劍尖。(圖七91)

②上身稍向右轉，左腿挺膝伸直，右腿略屈膝。同時，右手持劍使劍的前端用力向右平崩，手心仍朝上；左手劍指屈肘向額部左上方側舉。目視劍尖。(圖七92)

七92

要點：收劍和平崩兩個動作必須連貫起來做。平崩時，用力點在劍的前端；平崩後，上身向右擰轉，但左腳不得移動。

動作含義：接上勢，設對方持劍從身後向我刺來，我即向前上右步，身體右轉閃躲，同時右手持劍隨轉體橫崩對方的腕、臂部。

7.歇步下劈：右腳蹬地起跳，左腳向左躍步橫跨一步，落地後，右腿

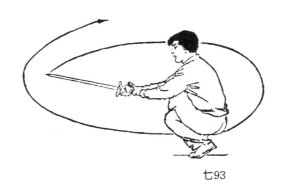

七93

即向左腿後側插步，繼而兩腿屈膝全蹲，成歇步。在躍步的同時，右手持劍向上舉起，並在形成歇步時向左下劈，拇指一側在上，劍尖與膝同高；左手劍指隨著下劈動作，下按於右手腕下面。目視劍身。（圖七93）

要點：成歇步時，左大腿蓋壓在右大腿上面，左腳全掌著地，右腳腳跟離地，臀部坐在右小腿上。劈劍時，右臂盡量向前下方伸直，劍身與地面平行。劈劍與躍步成歇步動作須同時完成。

動作含義：接上勢，設對方持劍向我左肋刺來，我即向左前斜上步閃躲，同時右手持劍向其腕部或腿部劈擊。

8.**提膝下點：**

①右手持劍先使手心朝下成平劍，然後以兩腳的前腳掌碾地，上身經右、向後轉動，兩腿邊轉邊站立起來，右手持劍平繞一周。當劍繞至上身右側時，上身稍向左後仰，同時劍身繼續向外、向上弧形繞環，劍尖接近右耳側；

七94

此時左手劍指離開右手腕向上屈肘側舉。目視前下方。（圖七94）

②上動不停，右腿伸直站立，左腿屈膝提起，上身向右側傾，同時右手持劍向前下點擊，拇指一側在上。目視劍尖。（圖七95）

要點：仰身外繞劍與提膝下點兩個動作必須連貫、同時完

成。右腿獨立時，膝部要挺直，左膝盡量上提。點劍時，右手腕
要下屈，劍身、右臂、左臂和劍指要在同一個垂直面內。

七95

動作含義：

①接上勢，設對方持劍向我頭部劈來，我即向右轉體閃躲，
同時右手持劍隨轉體掃擊對方下盤。

②若對方閃開，並再次向我頭部擊來，我即將劍向右、向上
挂帶防守，隨即扣腕點
劍，擊向對方的腕部。

第三段

1.並步直刺：

①以右腳前腳掌爲
軸碾地，使上身向左後
轉。在轉身的同時，右
臂內旋並向拇指一側屈
腕，使劍尖指向轉身後
的身前；左手劍指隨之

七96

由上經右肩前、腹前繞環，向正前方指出，手心朝下。目視劍

指。(圖七 96)

②左腳向前落步，右腳隨之跟進並步，兩腿均屈膝半蹲。同時，右手持劍向前平伸直刺，拇指一側在上；左手劍指順勢附於右手腕處。目視劍尖。（圖七97）

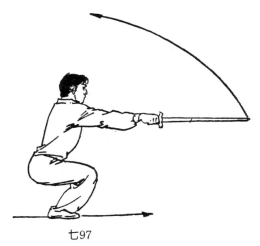

七97

要點：兩腿半蹲時大腿要蹲平，兩膝、兩腳均須緊靠併攏。上身前傾，直背、落臀。兩臂伸直，劍尖與肩相平。

動作含義：

①接上勢，設左側有人向我靠近，我向左轉身，同時左手劍指點出，擊向對方的咽喉。

②若對方後撤躲閃，我速上步逼近，同時右手持劍向對方的腹部刺出。

2.弓步上挑：右腳上步屈膝，同時左腳腳跟稍內轉，左腿挺膝伸直，成右弓步。右手持劍直臂向上挑舉，劍尖向上，手心朝左；左手劍指仍向前平伸指出，

七98

手心朝下。上身稍微前傾，目視劍指。(圖七 98)

要點：左臂伸直，左肩前順，劍指略高過肩；右臂直上舉，劍刃朝前後。上身挺胸、直背、塌腰。

動作含義：接上勢，設對方持劍欲向我頭部劈來，我速上右步，右手持劍直臂上挑其腕，同時左劍指點擊對方咽喉。

3.**歇步下劈**：右腿伸直，左腳向前上步，腳尖外撇，隨之兩腿交叉屈膝全蹲，成歇步。同時，右手持劍向前下劈，拇指一側在上，劍尖與膝關節同高；左手劍指屈肘附於右手腕裡側。上身稍前俯，目視劍身。(圖七 99)

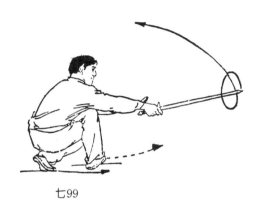

七99

要點：與第二段第 7 動作相同。

七100

動作含義：接上勢，設對方持劍向我左手腕劈來，我速收左手，同時右手持劍向下劈擊對方臂部。

4.**右截腕**：兩腳以前腳掌碾地，並且兩腿稍伸直立起，使上身右轉，右腿屈膝半蹲，左腿稍屈膝，左腳前腳掌虛著地面，成左虛步。右臂內旋使拇指一側朝下，用劍的前端下刃向前上方劃弧翻轉，隨著上

身起立成虛步，右手持劍再向右後上方托起，左手劍指仍附於右手腕，兩肘均微屈。目視劍的前端。(圖七 100)

　　要點：兩腿虛實必須分明，上身稍向前傾，劍身平橫於右額前上方。

　　動作含義：接上勢，設對方持劍向我頭部點擊，我即右轉閃躲，同時右手持劍截擊其腕部。

　　5.**左截腕：**左腳向前上半步，並以前腳掌碾地使上身向左後轉，右腳隨之向前上一步，前腳掌著地，兩腿均屈膝，成右虛步。在右腳進步的同時，右臂外旋，使劍身的前端向左前上方劃弧翻轉，手心朝上，劍身與

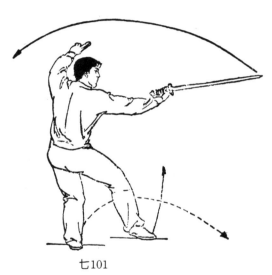

七101

地面平行；左手劍指隨之離開右手腕，屈肘向上側舉。目視劍的前端。(圖七 101)

　　要點：同上述右截腕。

　　動作含義：接上勢，設對方持劍向我左肩擊刺，我速向左轉體閃躲，同時上步進身，以右手劍截擊其腕部。

　　6.**躍步上挑：**

　　①左腳經身前向前上一步，右腳隨之在身後離地，同時，右臂外旋手心朝裡，使劍由右向上、向左屈肘劃弧，劍至上身左側

時，右手靠近左胯旁，拇指一側在上並向上屈腕；左手劍指在右手向左下落時附於右手腕上。目視劍尖。（圖七 102）

②左腳蹬地，右腳向右側躍步，落地後屈膝略蹲，左腳隨之離地屈膝從身後伸向右側方，形成望月式平衡。上身向左側傾俯。在右腳躍步的同時，右手

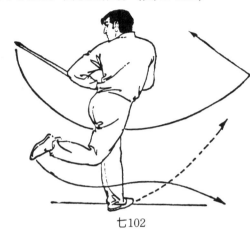

七102

持劍由左胯旁向下、向右劃弧，當劍到達右側方時，臂外旋並向拇指一側屈腕，使劍向上挑擊；左手劍指即向左上方屈肘橫舉，拇指一側在下。目視右側方。（圖七 103）

要點：躍步和上挑動作必須協調一致，迅速進行。挑劍時，腕部要猛然用力上屈。形成平衡動作後，右腿略屈膝站穩，左小腿盡量向

七103

上抬起。上身向右擰轉，劍身斜舉於右側上方，持劍手略鬆，便於手腕上屈。

動作含義：接上勢，設對方持劍向我胸部刺來，我右手持劍向上、向左劃弧帶格，同時向右躍步，並以劍向其腕部挑擊。

7.僕步下壓：

①右手持劍使劍尖從頭上經過，繼而向身後、向右弧形平繞，當劍繞到右側時，即屈肘將劍柄收抱於胸部前下方，手心朝上。同時，右膝伸直，上身立起，左腿屈膝提於身前，左手劍指仍橫舉於左額前上方。（圖七104）

七104

②上動不停，左手劍指經身前下落，按在右手腕上。左腳隨之向左側落步，屈膝全蹲；右腿在右側平鋪伸直，腳尖裡扣，成右僕步。同時，右手持劍用劍身平面向下帶壓，劍尖斜向右上方。上身前探，目向右平視。（圖七105）

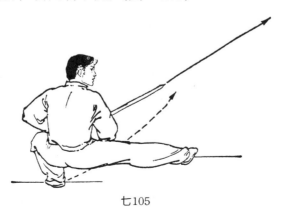

七105

要點：做僕步時，左腿要全蹲，臀部緊靠腳跟，不要凸起兩

腳全腳掌均著地。上身前探時要挺胸，兩肘略屈環抱於身前。

　　動作含義：接上勢，設對方持劍向我右側擊來，我上體左移閃躲，同時以右手劍格開來劍，隨身體下蹲成僕步下壓對方器械。

　　8.**提膝直刺：**兩腿直立站起，左腿屈膝提於身前，右腿挺直站立。同時，右手持劍向身前平伸直刺，拇指一側在上；左手劍指屈肘在左側上舉，拇指一側在下。目視劍尖。(圖七 106)

七106

　　要點：右腿獨立須挺膝站穩，左膝盡量上提，腳背繃直，腳尖下垂。上身稍右傾，右肩、右臂和劍身要成一直線，左臂屈成半圓形。

　　動作含義：接上勢，趁對方胸部空虛，我左腳蹬地，右手持劍速向對方胸部刺出。

　　第四段

　　1.**弓步平劈：**右臂外旋，先使手心朝向背後、劍的下刃轉翻向上，繼而上身左轉，同時左腳向左後側落一大步、屈膝；右腳

以前腳掌爲軸碾地，腳跟稍外轉，右腿挺膝伸直，成左弓步。左
手劍指隨著持劍臂的運行而向右、向下、向左、向上圓形繞環，
仍屈肘舉於頭部左側上方；同時，右手持向身前平劈，拇指一側
在上，臂要伸直，劍尖略高於肩。目視劍尖。（圖七107）

七107

　　要點：向前劈劍和劍指繞環這兩個動作必須協調一致、同時
完成，兩肩要放鬆。

　　動作含義：接上
勢，設對方從身後向我
擊來，我迅速向左轉體
閃躲，同時以右手握劍
向對方頭部劈擊。

　　2.回身後撩：右腳
向前上一步，膝微屈；
左腳隨之離地，小腿向
上彎屈；上身前俯，腰

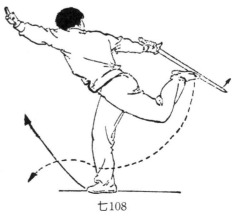

七108

向右擰轉。右手持劍隨右腳上步而向後反撩，劍尖斜向下方，拇

指一側在下；左手劍指前伸成側上舉，拇指一側在下。目視劍
尖。（圖七108）

　　要點： 右腳站立要穩，左腳腳背繃直，上身挺胸，兩肩放鬆。

　　動作含義： 接上勢，設對方從我身後擊來，我向前上右步，
腰向右擰轉躲閃，同時右手握劍向後順勢撩擊對方襠部。

　　3.歇步上崩：

　　①右腳蹬地，
左腳向前躍步，上
身隨之向右後轉；
左腳落地，腳尖稍
外撇，右腿擺向身
後。在上身轉動的
同時，右臂外旋，
使拇指一側朝上；
左手劍指在身後平

七109

伸，手心朝下。目視劍尖。（圖七109）

七110

　　②上動不停，右腳在身
後落步，兩腿均屈膝全蹲，
左大腿蓋壓在右大腿上，臀
部坐在右小腿上，成歇步。
同時，右手持劍直臂下壓，
手腕向拇指一側上屈，使劍
尖上崩；左手劍指隨之屈肘
在頭部左上方側舉，拇指一
側在下。目視劍身。（圖七
110）

要點：向前躍步、歇步和劍尖上崩三個動作要連貫協調。躍步要遠，落地要輕（前腳掌先著地）。上崩時腕部要猛然用力上屈，劍尖高與眉平。歇步時上身前俯，胸須內含。

動作含義：接上勢，設對方持劍向我右腕點擊，我右手旋腕向下閃躲，隨即向下沉腕以劍崩擊對方腕部。

4.弓步斜削：

①左腳腳尖裡扣，上身右轉，右腳隨之向前上步、屈膝，左腿在身後挺膝伸直，成右弓步。右手持劍臂外旋使手心朝上，在轉身的同時，屈肘向左肋前收回；左手劍指隨之從身前下落，按在劍柄上。上身向右前傾，目視前方。（圖七 111）

七111

②上動不停，右手持劍由後向前上方斜面弧形上削，手心斜向上方，手腕稍向掌心一側彎屈；同時，左手劍指伸向後方，拇指一側在上。目視劍尖。（圖七 112）

要點：斜削時，右臂稍低於肩，劍尖斜向臉前右上方，略高於頭；左臂在身後側平舉，劍指指尖略高於肩部。

動作含義：接上勢，設對方持劍從身後向我背部擊來，我迅速向右轉體閃躲，並以右手握劍向對方的胸、臉或腕部斜削。

七112

5.進步左撩：

①右腿伸直，上身向左轉，左腿稍屈膝。同時，右手持劍使手心朝裡經臉前邊轉身邊向左劃弧，劍至體前時，左手劍指附於右手腕裡側。目視劍尖。(圖七 113)

七113

②以右腳跟爲軸碾地，腳尖外撇，上身向右後轉；左腳隨之向前上步，以前腳掌虛著地面。同時，右手持劍反手向下、向前、向上繼續劃弧撩起，劍至前上方時，肘部略屈，拇指一側在

下，劍尖高與肩平；左手劍指
隨右手動作，仍附於右手腕
上。目視劍尖。（圖七 114）

　　要點： 上述兩個劍身的劃
弧動作，必須連貫成一個完整
的繞環動作。撩劍後，右腿微
屈，左腿伸直，身體重心落於
右腿，劍尖稍微朝下。

　　動作含義： 接上勢，設對
方向我胸部刺來，我右手握劍
向左劃弧左帶防守，隨即左腳
向前上步，右手劍向對方的襠、腹或腕部撩擊。

七114

　　6.**進步右撩：**

　　①右手持劍直臂向上、向右後方劃弧，左手劍指隨勢收於右
肩前，手心朝左。目視劍尖。（圖七 115）

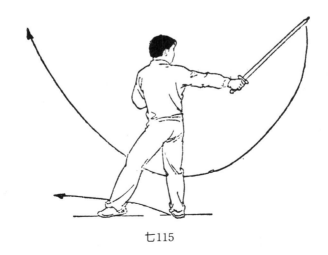

七115

②左腳踏實後以腳跟爲軸碾地，腳尖外撇，右腳隨之向左腳前上一步，前腳掌虛著地面。同時，右手持劍由右向下、向前劃弧掄臂撩起，劍至前方時，肘微屈，手心朝上，劍尖高與肩平；左手劍指隨之由右肩前向下、向前、向後上方繞環，屈肘側舉於頭部左上方。目視劍尖。（圖七116）

七116

　　要點：同上述進步左撩，惟左右相反。

　　動作含義：技法同「進步左撩」，惟左右互換。

　　7.坐盤反撩：右腳踏實後向前上一小步，隨即左腳從右腿後向右側插一步，兩腿屈膝下坐，成坐盤式。在左腳插步的同時，右手持劍向上、向左、向下再向右上方反手繞環斜上撩，劍尖高過頭頂；左手劍指隨之經體前向下、向後上方劃弧，屈肘橫舉於左耳側，拇指一側在下。上身向左前傾俯，目視劍尖。（圖七117）

　　要點：坐盤必須與反撩劍動作協調進行。坐盤時，左腿盤坐地面，左腳背外側著地，右腿盤落於左腿上，全腳掌著地，腳尖朝身前。上身傾俯時腕要內含，劍尖與右臂、左肘、左肩成一直線。

動作含義：接上勢，設對方持劍向我胸或頭部刺來，我右手握劍向上、向左劃弧回帶防守，順勢向對方的襠、腹或腕部反手撩擊。

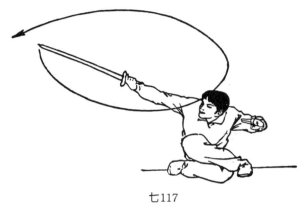

七117

8.**轉身雲劍：**

①右腳蹬地，兩腿伸直站起，並以兩腳的前腳掌碾地，使上身向左後轉；轉身之後，右腿屈膝略蹲，右腳踏實，左膝微屈，前腳掌虛著地面，身體重心落於右腿。同時，右手持劍隨身體轉動一周後屈肘使劍平舉，拇指一側在下；此時左手劍指附於右手腕處。目視劍尖（圖七118）。

七118

②上動不停，上身後仰，右手持劍向左、向後、向右、向前圓形雲繞一周，劍至身前時，右手手心朝上、鬆把，使劍尖下

垂；左手劍指放開，拇指一側朝上，準備接握右手之劍。此時重心前移，左腳踏實，右腿伸直，上身前傾。目視左手。（圖七119）

七119

　　要點： 轉身和雲劍動作必須連貫，雲劍要平、要快，腕關節放鬆使之靈活。

　　動作含義： 接上勢，設對方持劍向我頭部劈來，我身體右轉，同時右手握劍在頭上雲架，隨即外旋右腕將劍截向對方的腕部。

　　結束動作

1.右手將劍柄交於左手後即握成劍指，左手接劍後反握住劍柄向身體左側下垂。此時右腳向右前方上步，腳尖裡扣，屈膝略蹲，上身隨之左轉；左腳隨之向前移步，以前腳掌虛著地面，膝微屈。在上身左轉的同時，右手劍指隨之由身後向上屈肘側舉於頭部右上方，手心朝上。目向左平視。（圖七120）

　　要點： 重心落於右

七120　　　　七121

腿，上身前傾，挺胸、塌腰，兩肩鬆沉，左肘略上提，劍身緊貼前臂後側，並與地面垂直。

　　2.右腿伸直，右腳向左腳靠攏，並步站立。右手劍指下落於身體右側，手心朝下，恢復成預備勢。目向正前方平視。(圖七121)

　　要點：同預備勢。

第八章　太極拳練習

　　太極拳，又稱太極十三勢，是根據我國古典哲學太極原理而命名的拳術。「太極」一詞，始出於《周易》，它包括兩個最基本的因素，即一陽、一陰，二者互相對立，又互為其根，共存於矛盾的統一體中。古人以陰陽這種樸素的辯証法來認識世界，並以陰陽的變化來揭示事物發展變化的規律。十三勢，是掤捋擠按採挒肘靠、進退顧盼定的合稱，其中掤捋按稱四正手，採挒肘靠稱四隅手。根據八卦變化的原理，由四正、四隅的相互轉化而產生不同的技法；進退顧盼定是指其步法，即進步、退步，左顧，右盼和中定。根據五行生克的原理，步法變化須以維持中定為原則。

　　在太極拳運動中，陰陽泛指開合、虛實、呼吸、順逆、剛柔、曲直、化打、粘走等矛盾運動，表現在姿勢上是柔和、緩慢、穩靜、輕靈。太極拳在長期發展過程中，演變出許多流派，其中流傳較廣、特點顯著的有陳式、楊式、吳式、武式和孫式。

　　中華人民共和國成立之後，國家體委創編了簡化太極拳（即二十四式太極拳）和四十八式太極拳套路。在新的歷史時期，為適應武術競賽的需要，中國武術協會又新編了陳、楊、吳、孫四式太極拳和四十二式太極拳競賽套路。

　　各式太極拳的運動特點雖有所不同，但技術上均要求心靜體鬆，呼吸自然，中正安舒，柔和緩慢，連貫協調，虛實分明，剛柔相濟。太極拳不僅適宜於青年人鍛鍊，而且適宜於中老年人、

腦力勞動者及體弱有病者鍛鍊。目前，太極拳已成爲深受人們歡迎的運動項目。

第一節　太極拳技術的基本要求

太極拳雖有不同流派，但其技術要求基本上是一致的。

一、身體各部姿勢的要求

太極拳雖有「不在形式，在氣勢」、「不在外面，在內中」和「重意不重形」的說法，但這都是指功夫較深、動作已定型、只須以內動來帶動外形者而說的。對初學者，應該先重形，後重意，首先要姿勢正確，在姿勢正確、整體動作協調統一並達到動作定型的基礎上，逐步由外達內，再以內促外，這樣才能使技術日臻完善。

㈠、頭部：練拳時頭要正直，百會穴（頭頂中央）要始終保持輕輕往上頂起，下頦微微內收，好像頭頂上有細索懸著似的。轉動時要使頸沿身體縱軸轉動，防止搖頭晃腦。這一要求在太極拳術語中稱之爲「虛領頂勁」。眼神隨手轉動而前視，定勢時眼神經食指或中指前視，延展及遠。臉部要自然，嘴唇輕輕合閉，舌放平，舌尖輕抵上顎。

㈡、上肢：太極拳動作要求「沉肩垂肘」和「坐腕」。對上肢的肩、肘、腕三大關節來說，首先要求肩關節鬆開，肩能鬆，胸背等處才能鬆下來，從而達到上體輕鬆靈活，下肢沉實穩當。其次，肘關節要始終保持微屈狀態，並具有向下的垂勁，即使手臂上舉超過肩部時，肘尖也仍然要帶有下垂勁，如「白鶴亮翅」。太極拳拳諺有「肘不貼肋，肘不離肋」的說法。「肘不貼肋」，是使肘部有回旋的餘地；「肘不離肋」，是便於護肋。腕、手指要鬆

舒。初學時，出掌至終點時，腕部要微微向下按塌，手指隨之自然舒展，切忌用力併攏或張開，手心要保持呈微凹形。

㈢、軀幹：太極拳對軀幹部位的要求是「含胸撥背，鬆腰斂臀」。所謂「含胸」，是指胸部稍向內收斂，不用力挺起，同時兩臂微微內含，使胸部肌肉鬆弛，以防挺胸努氣之弊。「撥背」，即當胸略內含時，背部肌肉往下鬆沉，而兩肩脊骨微微提起，使脊背自然舒展。含胸撥背的姿勢要自然，胸背部肌肉的鬆沉不能故意用力做作，不然易導致軀幹僵直，影響呼吸的舒暢進行。拳諺有「含胸撥背落自然」的說法，就是告訴我們肌肉的鬆沉要用意不用力。初練拳時，一般不習慣，只要注意微微含胸來適應動作的需要，日久就會自然地達到含胸撥背的技術要求。

「鬆腰斂臀」中的「鬆腰」，是指腰部鬆，並有下沉之意。腰部的「鬆而沉」可使氣不上浮而沉丹田，從而下肢穩當、有力、靈活。值得一提的是在腰部往下鬆沉的同時，要有往上頂和撥長之意，這樣可使進退、旋轉不搖晃，使內勁注輸周身，以支撐八面，同時還能使腹肌鬆弛，為太極拳所要求的腹式深呼吸創造有利條件。而「斂臀」則是在含胸撥背和鬆腰的基礎上，要求臀部微微內收。斂臀，不是臀部肌肉的機械內收，而是以鬆胯圓襠為前提，使會陰穴與百會穴成一垂線，達到「尾閭中正」的技術要求。

㈣、下肢：太極拳對下肢的總要求是「屈膝圓襠，邁步輕靈」。這裡的襠，指的是會陰部位。練習時兩胯撐開，兩腿屈膝微向裡扣，襠即自然撐圓，做起動作來轉換即靈活、自如。定勢時，膝關節要有微向內扣之意，兩膝前後（或左右）相呼應，配合襠的撐開撐圓，使得下肢沉著有力，形成一種「合中寓開」的勁。動步時，要求以胯帶膝，以膝帶腳，使步法緩緩邁出，輕靈

著地。一般上步時腳跟先著地，逐漸過渡到全腳踏實；退步時腳尖先著地，徐徐過渡到全腳踏實。進退步時虛腿要自然向實腿靠攏，然後再出腿，使身體保持中正安舒狀態。

二、技法要求

㈠、**鬆靜用意**：太極拳的鬆，是指在保持身體姿勢正確的基礎上，有意識地讓機體放鬆下來，並強調「鬆」而不懈。靜，即沉著冷靜，思想集中，專心致志地練拳。在鬆靜的基礎上用意識去引導動作，指導動作的正確性、連貫性、圓活性，達到「意動形隨」。初學太極拳時，通過鬆靜用意，自己可以體察各部分的放鬆情況，例如；是否有強項、挺胸、聳肩和屏氣等錯誤動作，一旦發現，便可及時用意識引導放鬆，由點及面地逐漸達到整體的協調統一。這種自我調節、自我完善的學習方法，對初學者來說是行之有效的。

㈡、**連貫圓活**：太極拳所要求的「連貫」是多方面的，主要有二：一是肢體的連貫，即所謂「節節貫串」。肢體的連貫是以腰為樞紐，發勁過程強調「由腳而腿而腰，由腰而背而臂形於指，總須完整一氣」。而動作轉換，對下肢，則是以腰帶胯，以胯帶膝，以膝帶足；對上肢，則是以腰帶背，以背帶肩、以肩帶肘，再以肘帶手。在此強調了「以腰為軸，節節貫串」、「一動無有不動」的技術要領，故有「上下九節勁，節節腰中發」的拳諺。二是指動作與動作之間的銜接，即「勢勢相連」。前一動作的結束，便是下一動作的開始，勢勢之間沒有間斷和停頓。「圓活」是在連貫基礎上的進一步要求，意指圓滿、活順、自然。體現在每個動作的手法、步法、身法等方面都須呈圓形、弧形，不起棱角。因此，練太極拳應注意體現動作的連貫、圓滿、活順，並且自然，這樣才能逐步達到連貫圓活的技術要求。

㈢、**虛實分明**：虛實是矛盾的對立統一。在太極拳運動中，虛指靈活、鬆軟、實指緊張、堅實。虛實貫串於太極拳運動的每一動作中，無論上肢、下肢或軀幹，虛實都隨動作的變化而變化，故拳諺有「處處均有一虛實」之說。從意念上說，如意念集中於右手，則右手爲實，左手爲虛。反之亦然。從整體動作來看，一般動作到達終點定勢爲實，動作變化過程爲虛。從動作局部來看，下肢以主要支撐體重的腿爲實，輔助支撐或移動換步的腿爲虛；上肢以體現動作主要內容的手臂爲實，輔助配合的手臂爲虛。在勁力的變換中，輕靈、含蓄的動作爲虛，沉著、充實的動作爲實。如「左摟膝拗步」，左腿主要支撐身體，因此，左腿爲實，右腿爲虛。練習時，注意分清虛實，才能更好地正確掌握動作。

㈣、**呼吸自然**：根據太極拳練習者掌握的技術水平，呼吸方法可分爲自然呼吸、腹式順呼吸、腹式逆呼吸和拳勢呼吸。自然呼吸，是指練習者在練拳時，呼吸方式不因拳勢的變化而變化，完全順其自然。腹式順呼吸，是指吸氣時腹部向外突起，呼氣時腹部自然內收。腹式逆呼吸與腹式順呼吸剛好相反，即吸氣時腹部內收，而呼氣時腹部外突。拳勢呼吸，是指呼吸隨著拳勢的變化而變化。對初學者來說，除了自然呼吸以外，其它呼吸方法，都具有相當難度，不易掌握，強行求之，則易產生憋氣等毛病。所以，初學太極拳，最好採用自然呼吸法。學者只要抓住正確的身體基本姿勢，掌握正確的技術要領，鍛鍊時以呼吸自然爲原則，那麼隨著時間的推移，技術的掌握以及功夫的加深，呼吸方式自然會改變。

第二節 太極拳基本方法和基本動作練習

一、太極拳基本方法練習

手型、步型、步法練習與第五章中手型、步型、步法練習相同，惟動作緩慢、勻速，上步和退步都是以腳跟或腳尖領先輕緩著地，逐漸過渡到全腳踏實。

太極拳的主要手法有掤、捋、擠、採、挒、肘、靠。

㈠、掤：

動作含義： 用手臂掤架住對方手臂，使其不能貼近自己。

動作做法：

1.兩腳開步站立，與肩同寬，身體正直；兩臂自然垂於體側；眼視前方。（圖八1①）

2.兩臂緩緩向前、向上抬起，兩手與肩同高、與肩同寬，手心向下。（圖八1②）

3.兩腿緩緩屈膝下蹲，下體保持正直；同時，兩掌輕輕下按於腹前，兩肘下垂與兩膝相對。（圖八1③）

八1①　　　　　八1②　　　　　八1③

4.上體微右轉，身體重心移至右腿，左腳跟提起；同時，右手向上劃弧平舉於胸前，手心向下，左手向右劃弧於右手下，手心向下，兩手心相對成抱球狀；左腿微提起；眼視右手。（圖八1④）

5.上體向左轉；左腳提起輕緩地向左前方邁出，以腳跟領先輕著地，然後緩緩過渡到全腳著地，踏實，屈膝，右腿自然蹬伸伴隨上體前移；同時，左臂略帶弧形向前掤出，左手與嘴同高，手心斜向內，沉肘，右手向右、向下劃弧於胸前，手心向下；眼視左手。（圖八1⑤、⑥）

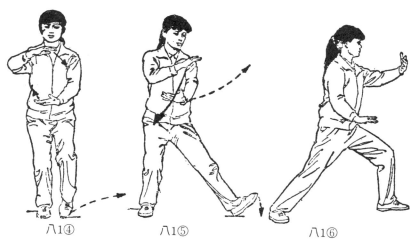

八1④　　　　八1⑤　　　　八1⑥

要點：身體轉動時要始終保持中正，以腰為軸，向左邁步左與手前掤速度要均勻一致。

練習方法：

1.兩腳開步站立，微屈膝；兩手成抱球狀做向左、向右掤的反覆練習。主要體會以腰帶臂及掤的運行路線和要點。（圖八1①、⑦、⑧、⑨、⑩）

八1⑦　　　　　　　八1⑧　　　　　　　八1⑨

八1⑩　　　　　　　八1⑪　　　　　　　八1⑫

2.兩腳並步站立，兩手叉腰，做向前上步的反覆練習。主要體會上步時輕起緩落及重心移動時上體保持正直等要點。（圖八1⑪、⑫、⑬、⑭）

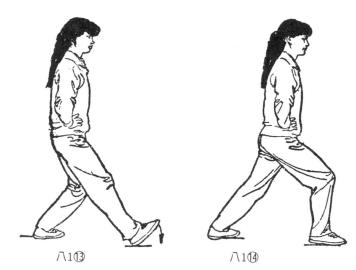

八1⑬　　　　　　　　八1⑭

3.在掌握以上兩點以後，進行完整動作練習。

易犯錯誤：

1.上體前俯，屈膝時膝蓋超過腳尖。

2.掤出之臂過直。

糾正方法：

1.多做叉腰向前上步的練習。練習時，首先要檢查上體是否中正，然後再向前上步；左腿蹬伸時注意鬆髖並下沉。

2.掤出時是以腰帶臂，臂自始至終要保持微屈並沉肘。

㈡、捋：

動作含義：對方用擠或掤向我進攻時，我以兩手吸住對方的勁，順其來勢借力用勁向後或向上、向下、向左右捋，使對方力量分散，失去平衡而前傾。

動作做法：

1.上接「掤」勢做右後捋。（圖八2①）

八2①

2.上體向後坐，並以腰為軸向右轉體；右腿屈膝支撐體重，左腿微屈向後蹬伸；同時，兩手伴隨轉腰向右後捋，左手心斜向外，右手心斜向上；眼視左手。（圖八2②、③）

要點：落肩沉肘，重心後移、轉腰與兩手向右後捋要協調一致。

八2②

八2③

練習方法：

1.兩腳開步站立，微屈膝；兩手做向左後、向右後捋的反覆

練習。主要體會以腰帶臂、捋的運行路線及其要點。(圖八 2④、
⑤、⑥、⑦、⑧、⑨)

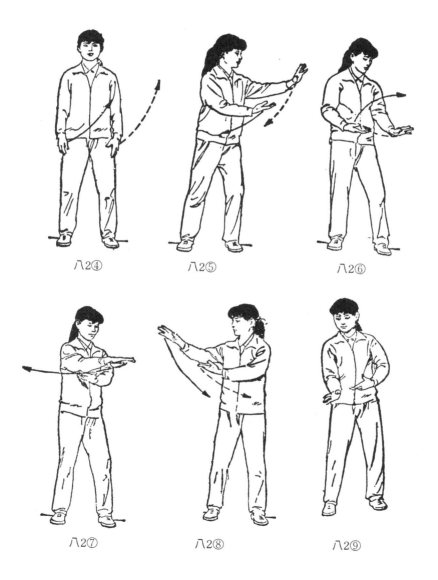

八2④　　　　　　八2⑤　　　　　　八2⑥

八2⑦　　　　　　八2⑧　　　　　　八2⑨

2.兩手叉腰成弓步，做身體後坐移動重心的反覆練習。主要體會並掌握身體移動時，保持中正、平穩無起伏的正確感覺。（圖八2⑩、⑪）

八2⑩　　　　　　八2⑪

3.在掌握以上兩點後，進行完整動作練習。

易犯錯誤：抬肘。

糾正方法：兩手向左後或向右後捋時，注意鬆肩垂肘。

㈢、擠：

動作含義：用手或臂部貼擠對方，使其重心不穩，身體後仰。

動作做法：

1.上接「捋」勢。（圖八3①）

2.身體向右轉；兩手隨轉體向上劃弧，右臂屈肘，右手附於左手腕內側，兩手同時向前緩慢擠出，左手心向內，右手心斜向前；同時身體重心逐漸前移，左腿前弓，右腿蹬伸，成左弓步；

眼視兩手。(圖八 3②、③、④)

八3①   八3②

八3③   八3④

要點： 緩慢向前擠時，上體要正直，擠的動作與鬆腰、弓腿要一致。

練習方法：

1.兩腳開步站立，微屈膝；兩手提至胸前，兩腕交叉，左手

在外，右手在內，向左前方徐徐擠出。以體會兩手動行的運行路線。（圖八3⑤、⑥、⑦）

八3⑤　　　　　　八3⑥　　　　　　八3⑦

2.腰向右轉，兩手隨之右移成左捋的接手姿勢（圖八3⑧）。以下同由捋轉擠的過渡動作，惟左右相反。

3.在掌握以上兩點的基礎上，結合步法做完整的動作練習。

易犯錯誤：

1.用肩向前擠。

2.凸臀。

糾正方法：

1.多做原地兩手交替向前擠的練習，並注意把握手臂動作要點。

2.向前擠時，注意鬆腰、沉髖。

八3⑧

四、按：

動作含義：用手向前下
推按對方。

動作做法：

1.上接「擠」勢。（圖
八4①）

2.兩手翻掌，手心向下
右手經左腕上向前、向右平
抹，同時左手前伸，兩手同
高，與肩同寬。（圖八4②）

八4①

3.上體緩慢後坐，重心移至右腿，右腿屈膝，左腳尖翹起；
同時兩手屈肘回收至胸前，並微向下按，手心均向前下方；眼視
前方。（圖八4③）

八4②　　　　　　　　　八4③

4.左腳踏實，右腿蹬伸，左腿屈膝前弓使身體重心緩慢前
移，成左弓步；同時兩手緩慢向前推出，高與肩平，掌心向前；
眼視兩手。（圖八4④、⑤）

要點：兩手回收時，注意鬆腰鬆胯，兩肘下垂；兩手往前推

　　　八4④　　　　　　　　　　八4⑤

　　按時，右腿蹬地，左腿前弓與兩掌的推按要一致；同時要保持上
體正直，不偏不倚。

　　練習方法：

　　1.兩腳開步站立，微屈膝；兩手提到胸前做向前推按的反覆
練習。(圖八 4⑥、⑦、⑧、⑨)

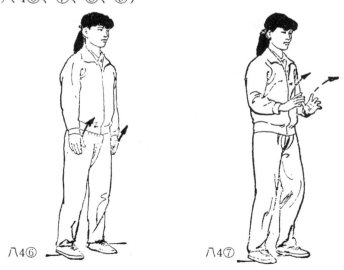

　　　八4⑥　　　　　　　　　　八4⑦

八4⑧　　　　　　　　　　八4⑨

2.同「㈡捋」的「練習方法2」。

3.結合步法做完整的動作練習。

易犯錯誤：

1.抬肘。

2.上體前俯，凸臀。

糾正方法：

1.多做原地兩手向前推按的練習，並注意鬆肩、垂肘。

2.做兩手叉腰成弓步，身體後坐再向前移動重心的反覆練習，同時注意鬆腰、沉髖。

㈤、採：採，在手法運用上是以手貼對方的手腕或肘關節下按，使對方向下摔跌。在勁力上則指鬆腰、鬆胯，身體向下的沉勁和向斜下的分勁，合而為採勁。採勁的運用不僅僅只侷限於採的手法運用，而且在推手運動中，根據對方施於我身的勁力情況變化，我運用採勁的部位，也相應發生變化，例如或手或肘、或

肩或胯，目的都是致使對方失去平衡，腳下無根，進而擊之。運用採勁的原則是獲取事半功倍的效果，設法「移動四兩砣，秤它千斤物」。

對於初學太極拳者，先了解採的手法即可。至於採勁，學者應在多練套路的基礎上再學習推手，有了推手的實踐和套路基礎，便能逐步掌握採勁及其運用。

㈥挒：挒，一指橫向用力的各種方法；二指以腰爲軸，左右轉動時體內產生向外的勁，通常稱之爲挒勁。在推手運動中，運用挒勁可以分解對方攻擊的力量，從而乘虛進攻。

學者在練習中，要注意屈膝鬆胯，使腰部轉動靈活，便可逐步掌握挒勁。

㈦、肘：肘，泛指各種肘法。肘勁，則指運用肘部發出的各種化解和進攻的勁力。在太極拳運動中，對肘部的基本要求是向下沉墜，因此沈墜勁是肘部的基本勁法。此外還有滾壓、掤、採、挒、靠等勁法。

學者在初練太極拳時，注意力應集中在肘部的向下鬆垂要領上，其它勁法可在熟練套路和推手的過程中逐步加以體會、揣摩。

㈧、靠：靠，即貼身近靠的各種技法。使用靠法的部位通常是肩、背和胯。在勁力上有擠、抖、彈、撞等方式。

初學者在練中應注意，不要爲靠而靠，致使身體歪斜，應在身體鬆沉、尾閭中正的基礎上使用靠法。

二、太極拳基本動作練習

㈠、攬雀尾：

動作含義：「攬雀尾」包括掤、捋、擠、按四法，其攻防含義如前所叙。「攬雀尾」是將對方向我擊來之手臂比喻爲雀尾，

把自己的手臂比喻爲繩索，用繩索隨著對方手臂的屈伸和上下、左右的動向而纏繞的意思。其動作有左、右之分，這裡只介紹左攬雀尾。

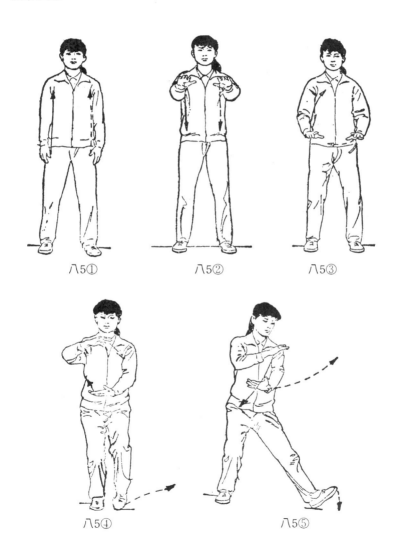

八5①　　　　　　八5②　　　　　　八5③

八5④　　　　　　　　八5⑤

　　動作做法、要點、練習方法、易犯錯誤和糾正方法均與本節
手法練習中的掤、捋、擠、按相同。（圖八 5①－⑮）

八5⑥　　　　　　　　　　　八5⑦

八5⑧　　　　　　　　　　　八5⑨

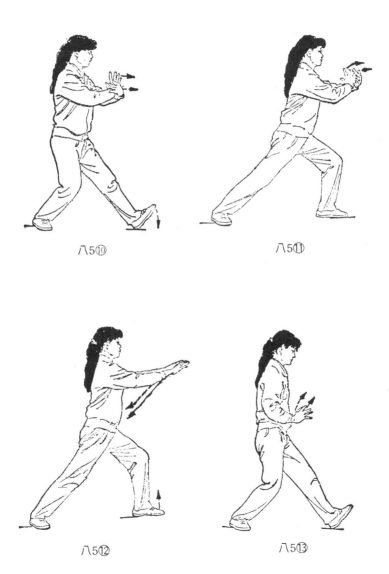

八5⑩

八5⑪

八5⑫

八5⑬

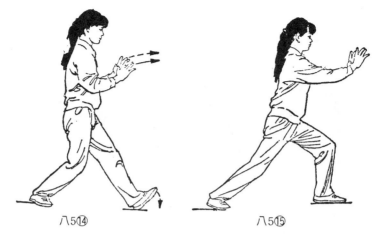

八5⑭　　　　　　　　　八5⑮

二、**野馬分鬃**：此勢爲象形動作。頭部和軀幹比喩爲馬頭，四肢比喩爲馬鬃，兩手左右一上一下、氣勢矯健地做動作，好似野馬在奔騰，馬鬃在分張，故而得名。

動作含義：設對方用右拳順步向我胸部擊來，我即腰向右轉，並以右手捋按其右腕，同時左腳向其身後上步；左臂向其胸前掤出，使之失去平衡。

動作做法：

1.兩腳開步站立；身體鬆沉直立；兩臂自然垂於體側；眼視前方。（圖八6①）

2.身體重心移至右腿，右腿屈膝支撐，左腳跟提起；右手向上劃弧屈肘於胸前，手心

八6①　　　　　　八6②

向下，左手經體前向右劃弧至腹前，手心向上，兩手心相對成抱球狀；眼視右手。(圖八 6②)

3.上體左轉；左腳向左前方邁出，腳跟領先著地逐漸過渡到全腳踏實，屈膝，右腿自然伸直，成左弓步；同時，左右手分別向左上右下分開，左手高與眼平，手心斜向上，肘微屈；右手按於右胯旁，肘微屈，手心向下；眼視左手。(圖八 6③、④)

八6③　　　　　　　　　八6④

要點：以腰為軸進行轉體，兩臂左上、右下分開時要保持弧形，上體不可前俯後仰。

練習方法：

1.兩腳開步站立，反覆做原地左右分手的交替練習。體會以腰帶臂及兩手運行路線和鬆肩垂肘等要點。(圖八 6①、⑤、⑥、⑦、⑧)

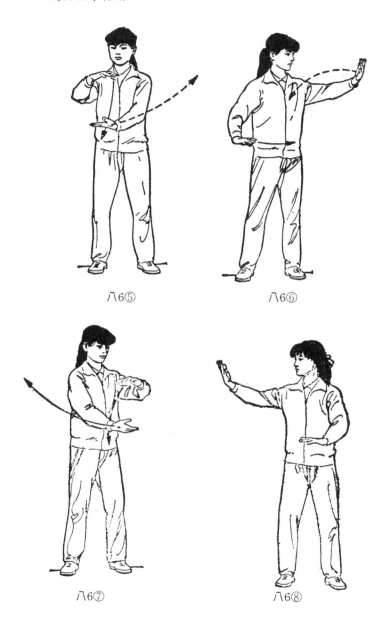

八6⑤　　　　　　八6⑥

八6⑦　　　　　　八6⑧

2.兩手叉腰向前交替上步反覆練習，以體會緩慢移動身體重心和弓腿、伸膝等要點。

3.將上下肢結合起來，做完整動作的左右野馬分鬃練習。

易犯錯誤：

1.腰背僵直。

2.重心不穩，左右搖晃。

糾正方法：

1.多做原地左右分手練習，並注意鬆腰鬆胯、以腰帶臂。

2.初練時，邁步小些，待全腳踏時再緩慢平穩地移動重心。

（三）、**白鶴亮翅**：此勢為象形動作，兩掌一上一下展臂，氣勢舒展，好似白鶴亮翅，故而得名。

動作含義：設對方以右拳向我胸部擊來，我即上體後坐化解其力，同時以左手內旋向下探對方右臂，右手上挑擊打對方腹、胸、咽喉部位。

動作做法：

1.兩腳開步站立；兩臂自然下垂。（圖八7①）

2.身體重心移至左腿，左腿屈膝支撐，右腳跟提起；左手向上劃弧屈肘於胸前，手心向下，右手經體前向左劃弧至腹前，手心向上，兩手心相對成抱球狀；眼視左手（圖八7②）

3.右腳向後撤步，以腳前掌先著地，緩慢地過渡到全腳踏實，屈膝支撐；同時，身體後坐，左腳跟提起，成左虛步；兩手緩慢向右上左下分開，右手上提於右額前，手心向左，左手下按於左胯旁，手心向下，指尖向前；眼視前方。（圖八7③、④）

要點：身體後坐和右手上提、左手下按要協調一致，胸部微含，不要挺出，兩臂要保持半圓形。

練習方法：

八7① 八7② 八7③

1.兩腳開步站立，反覆做原地右上、左下或左上、右下分手交替練習，以體會並掌握上肢運行路線及鬆肩垂肘等要點。（圖八7①、⑤、⑥、⑦、⑧）

八7④ 八7⑤ 八7⑥

八7⑦　　　　　　　　八7⑧

2.結合步法做完整的動作練習。

易犯錯誤：挺胸、凸臀。

糾正方法：動作練習到位時，檢查是否挺胸、凸臀，而後注意盡可能地放鬆臀部和腰部的肌肉。

四、雙峯貫耳：兩拳由兩側對擊對手的兩耳，猶如雙峰擠壓而來，故而得名。

動作含義：設對方向我腹部踢來，我雙手採對方來腳，同時左腳上步進身，兩手變拳經兩側向其耳部貫擊。

動作做法：

1.兩腳並步站立；兩臂自然垂於體側。（圖八8①）

2.左腳向前上步，以腳跟領

八8①

先著地，隨即緩慢過渡到全腳踏實，屈膝弓腿，右腿自然蹬直，成左弓步；同時，兩手分別從兩側向上、向前劃弧至面部前方時握拳，兩拳相對，高與耳平，兩拳相距10～20公分；眼視兩拳。（圖八8②、③）

八8②　　　　　　　八8③

　　要點：完成動作時，頭頸要正直，鬆腰沉胯，兩拳鬆握，沉肩垂肘，兩臂均保持弧形。

　　練習方法：

　　1.兩腳開步站立，反覆做原地的兩手向上、向前劃弧的練習，以體會上肢動作運行路線及沉肩垂肘等要點。（圖八8④、⑤、⑥）

　　2.結合步法做完整的動作練習。

　　易犯錯誤：抬肘。

　　糾正方法：練習時，注意肩部盡量放鬆，保持兩肘尖下垂。

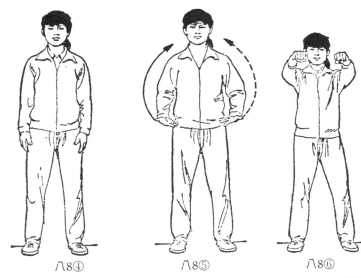

八8④　　　　　　八8⑤　　　　　　八8⑥

（五）、**手揮琵琶**：兩手一前一後，前後擺動滾轉好似揮彈琵琶的樣子，故而得名。

　　動作含義：設對方以右拳順步向我軀幹以上部位擊來，我身體後坐並微右轉化解其來勁，同時左手接其肘關節向右捌，右手接其腕部向內合勁，以此形成折對方手臂的動作。

　　動作做法：

　　1.兩腳並步站立；身體放鬆直立，兩臂自然垂於體側，眼視前方。（圖八 9①）

　　2.重心移於右腳，右腿屈膝支撐；腰稍向右轉，左腳提起向前落步，腳跟著地，膝部微屈，成左虛步；同時，左掌向左、向上劃胍挑至體前，右臂屈肘收至胸前，繼而兩臂向裡相合，左手心向右，高與鼻平，右手合於左肘內側，手心向左；眼視左手。（圖八 9②）

　　要點：身體後坐平穩，沉肩垂肘，胸部稍內含放鬆。

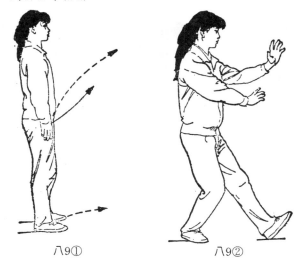

八9①　　　　　　　　八9②

綜習方法：

1.兩腳開步站立，反覆做原地的左右揮手練習，體會開掌握上肢動作運行路線和鬆肩垂肘等要點。（圖八9③、④、⑤、⑥、⑦）

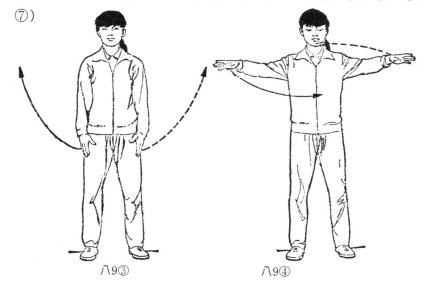

八9③　　　　　　　　八9④

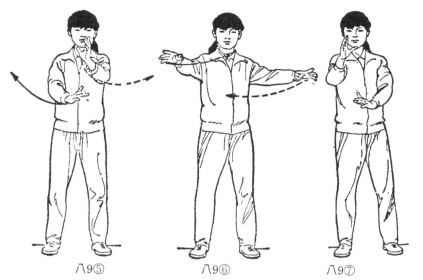

八9⑤　　　　　　八9⑥　　　　　　八9⑦

2.兩手叉腰做向後退步的反覆練習，體會開掌握緩慢移動身體重心和下肢虛實。(圖八 9⑧、⑨、⑩、⑪)

八9⑧　　　　　　八9⑨　　　　　　八9⑩

3.結合上下肢動作做完整的左右手揮琵琶練習。

易犯錯誤: 肩、臂僵硬。

糾正方法: 練習時有意識地放鬆肩部。

(六)、倒卷肱

動作含義: 設對方從身後雙手將我抱住,我則右轉身,以右肘或左肘頂擊其胸部,隨即伸臂撩擊其面部。

動作做法:

1.兩腳開步站立,兩膝微屈,兩臂自然垂於體側。(圖八10①)

八9⑪

2.兩腳不動;身體向右轉;右手向後、向上劃弧,左手向前、向上劃弧,手心均向上;眼視左手。(圖八10②)

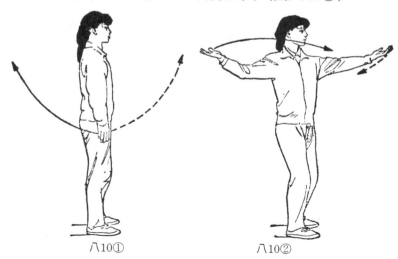

八10①   八10②

3.身體向左轉；右手隨轉體經耳側向前推掌，手心向前，同時左臂後撤至左肋側，手心向上；眼視右手。此為右倒卷肱。（圖八 10③、④）

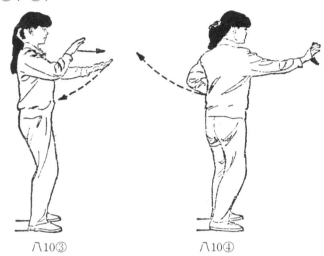

八10③　　　　　八10④

4.左手向後、向上劃弧，隨即身體左轉，左手經耳側向前推掌，手心向前，右手後撤至肋側，手心向上，眼視左手。此為左倒卷肱。（圖八 10⑤、⑥、⑦）

要點：兩臂隨轉體走弧線，速度要一致。

練習方法：

1.反覆做原地左、右倒卷肱練習。（圖八 10①—⑦）

2.結合退步做左、右倒卷肱的練習。（圖八 10①、⑧、⑨、⑩）

易犯錯誤：兩臂伸得太直。

糾正方法：練習時，注意保持兩臂放鬆，肘向下垂。

㈦、雲手：兩臂上下循環運轉，其回旋纏繞的速度均勻，好似天空行雲一般，故而得名。

八10⑤

八10⑥

八10⑦

八10⑧

八10⑨

八10⑩

八11①

動作含義：設對方用左手向我胸、腹擊來，我上體稍左轉化解，同時左手向下粘住對方左臂，借其收拳之機，我左手向上、向外翻臂劈擊其臉部，右手下挂防於身前。

動作做法：兩腳開步站立，兩腿微屈，兩手在胸腹前交替劃立圓。（圖八11①）

要點：要以腰帶臂劃弧。

練習方法：

1.做原地雲手練習。以體會並掌握雲手的運行路線及其要點。（圖八11①））

2.配合向側邁步的行進間雲手練習。（圖八11①、②、③）

八11② 八11③

易犯錯誤：軀幹僵直，不能做到轉腰帶臂。

糾正方法：練習時，注意松腰、鬆胯，以腰動帶動兩臂劃弧。

(八)、海底針：此勢以一手沉採對手的手臂使其向前傾斜，另一手向前擊打對手的海底穴（即腋下），故而得名。

動作含義：設對方以左手順步向我胸、腹擊來，我則以左手向前抓握其前臂向身體左下方捋採，趁對方前傾之勢，右手旋臂翻腕上提向其肋部或頸部插擊。

動作做法：

1.兩腳開步站立，兩臂自然下垂。（圖八12①）

2.身體重心移至右腿，右腿屈膝支撐，上體先微右轉再左轉；左腳提起向前上步，腳尖點地，成左虛步；同時，右手向上提至右耳旁，再向前下方插出，掌心向左，左手按於左胯旁；手心向下，指尖向前；眼視前下方。（圖八12②、③）

要點：上體不可太前傾，插掌與左腳上步要協調一致。

八12① 八12② 八12③

練習方法：

1.兩腳開步站立，原地做左、右手上提下插的交替練習，體會上肢運行路線及轉腰等要點。(圖八12④、⑤、⑥、⑦、⑧)

八12④ 八12⑤ 八12⑥

八12⑦　　　　　　八12⑧

2.配合下肢動作做完整的動作練習。

易犯錯誤：低頭、彎腰。

糾正方法：練習時，頭、上體要始終保持斜中求直，不能因下插掌而順勢彎腰前俯。

以上基本動作可以進行單個動作的左右互換練習，也可按順序連結起來進行反覆練習，以提高單個動作的質量。在掌握了正確動作的基礎上，再學習套路。

第三節　太極拳基礎套路練習

簡化太極拳，是國家體委組織專家在傳統太極拳的基礎上整編而成的，整個套路左右對稱，動作簡練、流暢，難度適中，易學易記。全套共二十四個動作，往返兩次，共四段，適合初學者練習。

一、動作名稱

1.起勢	9.單鞭	17.右下勢獨立
2.左右野馬分鬃	10.雲手	18.左右穿梭
3.白鶴亮翅	11.單鞭	19.海底針
4.左右摟膝拗步	12.高探馬	20.閃通臂
5.手揮琵琶	13.右蹬腳	21.轉身搬攔捶
6.右右倒卷肱	14.雙峰貫耳	22.如封似閉
7.左攬雀尾	15.轉身左蹬腳	23.十字手
8.右攬雀尾	16.左下勢獨立	24.收勢

二、動作説明

1.起勢：

①身體自然直立，兩腳開立，與肩同寬，兩臂自然下垂，兩手放在大腿外側。眼向前平看。（圖八 13）

要點：頭頸正直，下頦微向後收，不要故意挺胸或收腹，精神要集中。

②兩臂慢慢向前平舉，兩手高與肩平，手心向下。（圖八 14、15）

③上體保持正直，兩腿屈膝下蹲，同時兩掌輕輕下按，兩肘下垂與兩膝相對；眼平看前方。（圖八 16）

八13　　　　八14　　　　八15　　　　八16

　　要點：兩肩下沉，兩肘鬆垂，手指自然微屈。屈膝鬆腰，臀部不可凸出，身體重心落於兩腿中間。兩臂下落和身體下蹲的動作協調一致。

　　動作含義：此爲以靜待動，伺機而行，以無爲有，以變爲用的姿勢。兩臂上抬，可理解爲對方向我胸部擊來，我兩臂向上、向前粘其臂，或掤、或捋、或挒、或撞，並暗含勾、踹、拌等腿法將對方擊出。

　　2.**左右野馬分鬃**：

　　①上體微向右轉，身體重心移至右腿上；同時右臂收在胸前平屈，手心向下，左手經體前向右下劃弧放在右手下，手心向上，兩手心相對成抱球狀；左腳隨即收到右腳內側，腳尖點地；眼看右手。（圖八 17、18）

八17　　　　　　八18　　　　　　八19

　　②上體微向左轉，左腳向左前方邁出，右腿跟後蹬，右腳自然伸直，成左弓步；同時上體繼續向左轉，左右手隨轉體慢慢分別向左上右下分開，左手高與眼平（手心斜向上），肘微屈；右手落在右胯旁，肘也微屈，手心向下，指尖向前；眼看左手。（圖八 19、20、21）

八20　　　　　　八21　　　　　　八22

③上體慢慢後坐，身體重心移至右腿，左腳尖翹起，微向外撇（大約 45－60°），隨後腳掌慢慢踏實，左腿慢慢前弓，身體左轉，身體重心再移至左腿，同時左手翻轉向下，左臂收在胸前平屈，右手向左上劃弧放在左手下，兩手心相對成抱球狀；右腳隨即收到左腳內側，腳尖點地，眼看左手。（圖八 22、23、24）

④右腿向右前方邁出，左腿自然伸直，成右弓步；同時上體右轉，左右手隨轉體分別慢慢向左下右上分開，右手高與眼平（手心斜向上），肘微屈，左手落在左胯旁，肘也微屈，手心向下，指尖向前；眼看右手。（圖八 25、26）

八23　　　　八24　　　　八25　　　　八26

⑤與③解同，只是左右相反。（圖八 27、28、29）

八27   八28   八29

⑥與④解同，只是左右相
反。（圖八 30、31）

要點：上體不可前俯後
仰，胸部必須寬鬆舒展。兩臂
分開時要保持弧形。身體轉動
時要以腰爲軸。弓步動作與分
手的速度要均勻一致。做弓步
時，邁出的腳先是腳跟著地，
然後腳掌慢慢踏實，腳尖向前　　　八30   八31
，膝蓋不要超過腳尖；後腿自然伸直；前後腳夾角約成 45－60°
（需要時後腳腳跟可以後蹬調整）。野馬分鬃式的弓步，前後腳的
腳跟要分在中軸線兩側，它們之間的橫向距離（即以動作行進的
中線爲縱軸，其兩側的垂直距離爲橫向）應該保持在 10－30 公
分左右。

動作含義：

①設對方用右拳順步向我胸部擊來，我即腰微向右轉，並以

右手捋按其右腕，同時左腳向對方身後上步，左臂向對方胸前掤穿，隨即我重心前移，腰向左轉，使我左臂繼續向左前方分穿，使對方失去平衡而被摔出。

②我右手捋按對方的右腕，左臂掤住對方的肘關節，形成左掤右按的合勁起到折對方肘關節的作用。

以上是左野馬分鬃的動作含義。右野馬分鬃與左勢相同，惟左右互換。

3.白鶴亮翅：

①上體微向左轉，左手翻掌向下，左臂平屈胸前，右手向左上劃弧，手心轉向上，與左手成抱球狀，眼看左手。(圖八32)

②右腳跟進半步，上體後坐，身體重心移至右腿，上體先向右轉，面向右前方，眼看右手，然後左腳稍向前移，腳尖點地，成左虛步，同時上體再微向左轉，面向前方，兩手隨轉體慢慢向右上左下分開，右手上提停於右額前，手心向左後方，左手落於左胯前，手心向下，指尖向前；眼平看前方。(圖八33、34)

八32　　　　八33　　　　八34

要點：完成姿勢胸部不要挺出，兩臂上下都要保持半圓形，左膝要微屈。身體重心後移和右手上提、左手下按要協調一致。

4.左右摟膝拗步：

①右手從體前下落，由下向後上方劃弧至右肩部外側，臂微屈，手與耳同高，手心向上；左手上起由左向上向右下方劃弧至右胸前，手心向下。同時上體微向左再向右轉。眼看右手。（圖八35、36、37）

八35　　　　　八36　　　　　八37

②上體左轉，左腳向前（偏左）邁出成左弓步。同時右手屈回由耳側向前推出，高與鼻尖平；左手向下由左膝前摟過落於左胯旁。眼看右手手指。（圖八38、39）

八38　　　　　八39　　　　　八40

③上體慢慢後坐，重心移至右腿上，左腳尖蹺起微向外撇；隨即左腿慢慢前弓，身體左轉，重心移至左腿上，右腳向左腳靠攏，腳尖點地。同時左手向外翻掌由左後向上平舉，手心向上；

右手隨轉體向上向左下劃弧落於左肩前，手心向下。眼看左手。（圖八 40、41、42）

　④與②解同，惟左右相反。（圖八 43、44）

　　　　八41　　　　　　　八42　　　　　　　八43

　⑤與③解同，惟左右相反。（圖八 45、46、47）

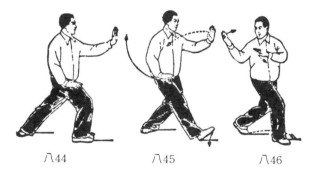

　　　　八44　　　　　　　八45　　　　　　　八46

　⑥與②解同，（圖八 48、49）

　要點： 手推出後，身體不可前俯後仰，要鬆腰鬆胯。推掌時須肩垂肘，坐腕舒掌必須與鬆腰、弓腿上下協調一致。做弓步時，兩腳跟的橫向距離一般不少於 30 公分。

　動作含義：

　①對方順步衝右拳向我胸、腹擊來，我迅速向對方右腳外側

八47　　　　　　八48　　　　　　八49

上步，同時左手由外向內接其中節或前臂並隨之向下摟按，右手
向對方胸部推按。

②對方以右腳向我腹部踢來，我即以左手下摟防其腿，同時
上左步進身，右掌擊其胸、腹部位。

以上是左摟膝拗步的基本含義。右摟膝拗步與左勢相同，惟
左右互換。

5.手揮琵琶：

右腳跟進半步，上體後坐，身體重心移至右腿上，左腳略提
起稍向前移，變成左虛步，腳跟著地，膝部微屈。同時左手由左
下向上舉，高與鼻尖平，臂微屈；右手收回放在左臂肘部裡側。
眼看左手食指。（圖八50、51、52）

八50　　　　　　八51　　　　　　八52

　　要點：身體要平穩自然，沉肩垂肘，胸部放鬆。左手上起時不要直向上挑，要由左向上向前，微帶弧形。右腳跟進時，前腳掌先著地，再全腳落實。體重後移和左手上起要協調一致。

　　動作含義：接上勢，設對方以右拳順步向我軀幹以上部位擊來，我身體後坐並微右轉化解其來勁，同時左手接其肘關節向右捌，右手接其腕部向內合勁，以此形成折對方手臂的動作，同時左腿暗含勾、蹬、踹等腿法。

　　6.**左右倒卷肱：**

　　①右手翻掌（手心向上）經腹前由下向後上方劃弧平舉，臂微屈；左手隨之翻掌向上，左腳尖落地，眼隨著向右轉體先向右看再轉看左手。（圖53、54）

八53　　　　　　　　八54

八55　　　　　八56　　　　　八57

②右臂屈肘回收，右手由耳側向前推出，手心向前，左手回收經左肋外側向後上劃弧平舉，手心向上；右手隨之再翻掌向上。同時左腿輕輕提起向左後側方退一步，腳尖先著地，然後慢慢踏實，重心在左腿上，成右虛步。眼隨轉體左看，再轉看右手。（圖八55、56、57）　③與②解同，惟左右相反。（圖八58、59、60）

④與②解同。（圖八61、62、63）

⑤與②解同，惟左右相反。（圖八64、65、66）

要點：前推的手不要伸直，後手也不可直向回抽，仍走弧線，前推時，要轉腰鬆胯，與兩手的速度要一致，避免僵硬。退

八58　　　　八59　　　　八60

八61　　　　八62　　　　八63

八64　　　　　八65　　　　　八66

步時，腳尖先著地，再慢慢踏實，同時把腳扭正，退左腳略向左後斜，退右腳略向右後斜，避免使兩腳落在一條直線上。後退時，眼神隨轉體動作向左右看（約轉 90°），然後再轉看前手。

動作含義：

①接上勢，若對方用右手抓握我左腕，我則左臂外旋，翻掌並向後退左步，同時身體左轉帶其臂，右掌向其胸或臉部擊去。

②接上勢，若對方從身後雙手將我抱住，我則右轉身以右肘頂擊其胸部，隨即左腳向後退，以左掌撩擊其襠部。

7.左攬雀尾：

①身體慢慢向右轉。左手自然下落經腹前劃弧至右肋前，手

八67　　　　　八68　　　　　八69

心向上，右臂屈肘，手心轉向下，收至右胸前，兩手相對成抱球狀。同時右腳尖微向外撇，左腳收回靠攏右腳，左腳尖點地。（圖八 67、68）

②左腳向左前方邁出，上體微向左轉，右腳跟向後蹬，腳尖微向裡扣成左弓步。同時左臂向左掤出（即左臂平屈成弓形，用前臂外側和手背向左側推出），高與肩平，手心向後；右手向右下落放於右胯旁，手心向下。眼看左前臂。（圖八 69、70）

要點：掤出時，兩臂前後均保持弧形，分手與鬆腿、弓腿三者必須協調一致。

八70　　　　　八71　　　　　八72

③身體微向左轉，左手隨之前伸翻掌向下，右手翻掌向上，經腹前向上向前伸至左腕下方，然後兩手下捋，上體稍向右轉，兩手經腹前向右後方劃弧，直至右手手心向上，高與肩齊，左手手心向後平屈於胸前，同時重心移至右腿上。眼看右手。（圖八71、72）

要點：下捋時，上體不可前傾，臀部不要突出。，兩臂下捋須隨腰旋轉，仍走弧線。

④上體微向左轉，右臂屈肘收回，右手附於左手腕裡側（相距約 5 公分），雙手同時向前慢慢擠出，左手心向後，右手心向

前，左前臂要保持半圓。同時身體重心前移變成左弓步，眼看左
手腕部。（圖八 73、74）

八73　　　　　八74　　　　　八75　　　　　八76

　　要點：向前擠時，上體
要正直，動作要與鬆腰、弓
腿相一致。

　　⑤右手經左腕上方向
前、向右伸出與左手齊，手
心向下；左手翻掌向下，兩
手向左右分開，與肩同寬。
然後上體後坐，重心移至右
腿上，左腿尖蹺起，兩手屈
肘回收至胸前，手心向前下
方。眼向前平看。（圖八
75、76、77）

　　⑥上勢不停，兩手向前。
向上按出，手腕部高與肩平
同時左腿前弓成左弓步。眼
平看前方。（圖八 78）

八77　　　　　八78

八79　　　　　八80

　　動作含義：此勢由掤捋、擠、按四法組成，其動作含義，見本章第二節手法練習部分。

　　8.右攬雀尾：

　　①上體後坐並向右轉，重心移至右腿上，左腳尖裡扣。右手向右平行劃弧至右側，然後由右下經腹前向左上劃弧至左肋前，手心向上，左手翻掌向下平屈胸前與右手成抱球狀。同時重心再移至左腿上，右腳向左腳靠攏，右腳尖點地。（圖八 79、80、81、82）

　　②同「左攬雀尾」②解，將左變為右即可。（圖八 83、84）

　　③同「左攬雀尾」③解，將左變為右即可。（圖八 85、86）

八81　　　　　　　八82　　　　　　　八83

八84　　　　　　　八85　　　　　　　八86

④同「左攬雀尾」④解，將左變爲右即可。（圖八 87、88）

⑤同「左攬雀尾」⑤解，將左變爲右即可。（圖八 89、90、91）

⑥同「左攬雀尾」⑥解，將左變爲右即可。（圖八 92）

八87　　　　　　　八88　　　　　　　八89

八90　　　　八91　　　　八92

要點：均與「左攬雀尾」相同，惟左右相反。

動作含義：與「左攬雀尾」相同，惟動作相反。

9.單鞭：

①上體後坐，重心逐漸移至左腿上，右腳尖裡扣；同時上體左轉，兩手（左高右低）向左運轉，至左臂平舉於左側，右手經腹前運至左肋前（左手心向左，右手心向後上方）。眼看左手。

（圖八 93、94）

八93　　　　　八94　　　　　八95

②身體重心再漸漸移至右腿上，左腳向右腳靠攏，腳尖點地。同時右手向右上方劃弧至右側方時變勾手，臂與肩平，左手向下經腹前向右上劃弧停於右肩前，手心向後，眼看左手。（圖八 95、96）

八96　　　　　八97　　　　　八98

③上體微向左轉，左腳向左側方邁出，右腳跟後蹬成左弓步。在身體重心移向左腿的同時，左掌慢慢翻轉向前推出，手心向前，手指與眼齊平，臂微屈。眼看左手。（圖八 97、98）

　　要點：上體正直，鬆腰。右臂肘部稍下垂，左肘與左膝上下相對，兩肩下沉，左手向外推時，要隨轉隨推，不要翻掌太快。全部過渡動作，上下要協調一致。

動作含義:

①接上勢，對方以左拳向我面部擊來，我即上體後坐並左轉，以左手掤攔對方左臂外側隨轉體向左採挒，將對方引進落空，我同時以右側膀膊靠打對方，或右臂屈肘，肘打對方的左肘關節。

②接上勢，對方以右拳向我上部擊來，我用右手以上述方法反向應用。隨即右手屈腕勾手，以勾頂擊打對方胸部或臉部。

③接上勢，對方用右拳從身後向我擊來，我則身體後坐並向左轉體，以左臂粘住對方手臂，同時左腳上步進身，左掌滑進，按推對方胸部。

10.**左雲手:**

①重心移至右腿上，身體向右轉，左腳尖裡扣。左手經腹前向右上劃弧至右肩前，手心斜向後，同時右手變掌，手心向右。眼看左手。（圖八 99、100、101）

八99　　　　　　八100　　　　　　八101

②身體重心慢慢左移，左手由面前向左側運轉，手心漸漸轉向左方；右手由右下經腹前向左上劃弧至左肩前，手心斜向後，同時右腳靠近左腳，成小開立步（兩腳距離約 10–20 公分）。眼看右手。（圖八 102、103）

③右手繼續向右側運轉，左手經腹前向右上劃弧至右肩前，

八102　　　　　　八103　　　　　　　八104

手心斜向後；同時右手翻轉手心向右，左腿向左橫跨一步。眼看
左手。（圖八104、105、106）

④同②解。（圖八107、108）

八105　　　　　　八106　　　　　　　八107

八108　　　　　　八109　　　　　　　八110

⑤同③解。（圖八 109、110、111）

八111　　　　　八112　　　　　八113

⑥同②解。（圖八 112、113）

要點：身體轉動要以腰脊為軸、鬆腰、鬆胯，避免忽高忽低。，兩臂隨腰運轉，要自然、圓活，速度要緩慢均勻。下肢移動時，重心要穩定。眼的視線左右手而移動。

動作含義：

①接上勢，對方用左手向我胸腹部擊來，我上體稍左轉化解，同時左手向下，粘住對方左臂，借其向回收拳之機，我左手向上、向外翻臂劈擊對方臉部，右手下掛防於身前。左掌擊打對方時也可變著，摟住對方的左側頸部，向我的左下方採捯，使對方失去平衡而跌倒。

②若對方躲閃，復以右拳向我胸部擊來，我則以右手粘接對方的右前臂外側，隨腰向右轉，右手變刁手向回摟帶，同時用肩膀靠打或左臂屈肘擊打對方的肘關節。

③我腰向左轉，掄左臂劈左掌，擊打對方的臉部。

11.單鞭：

①右手繼續向右運轉，至右側方時變成勾手，左手經腹前向右上劃弧至右肩前，手心向後。眼看左手。（圖 114、115、116）

八114　　　　八115　　　　八116

②上體微向左轉，左腳向左側方邁出，右腳跟後蹬成左弓步。在身體重心移向左腿的同時，左掌慢慢翻轉向前推出，成單鞭式。（圖八117、118）

八117　　　　八118

要點：與「9單鞭」相同。

動作含義：與「9單鞭」相同。

12 高探馬：

①右腳跟進半步，身體重心移至右腿上。右勾手變成掌，兩手心翻轉向上，兩肘微屈，

八119　　　　八120

同時身體微向右轉，左腳跟漸漸離地，成左虛步。眼看左手。
（圖119）

②上體微微左轉，右掌經耳旁向前推出，手心向前，手指與眼同高；左手收至左側腰前，手心向上，同時左腳微向前移，腳尖點地。眼看右手。（圖八120）

要點：上體自然正直，雙肩要下沉，右肘微下垂。

動作含義：

①接上勢，若對方以右手順步抓握我左手腕，我則上體左轉，左臂外旋，沉肘向下彩帶，同時以右掌捕擊對方面部。

②若對方是以左拳擊我胸部，我則以左轉腰化解，左手接對方左腕外側，並向我的左下方彩帶，使對方前傾落空，同時以右掌撲擊對方面部。

13.**右蹬腳：**

①左手手心向上，前伸至右手腕背面，兩手相互交叉，隨即兩手分開自兩側向下劃弧，手心斜向下；同時左腳提起向左前方進步成左弓步。（圖八121、122、123）

八121　　　八122　　　八123　　　八124

②兩手由外圈向裡圈劃弧合抱於胸前，右手在外（手心均向

後）；同時右腳向左腳靠攏，腳尖點地，眼平看右方。（圖八
124）

③兩臂左右分開平
舉，手心均向外，同時
右腳提起向右前方慢慢
蹬出。眼看右手。（圖
八125、126）

要點：身體要穩
定。兩手分開時，腕部
與肩齊平。左腿微屈，

八125　　　　　八126

蹬腳時腳尖回勾，勁使在腳跟，分手和蹬腳須協調一致。右臂和
右腿上下相對。

動作含義：接上勢，對方以左手截我右腕，我左掌向前伸出
抓握其前臂向左側捋採，右手旋臂，翻掌擊向對方臉部，同時右
腿蹬踢對方的襠部或腹部。

14.雙峯貫耳：

①右腿收回，膝蓋提起，左手由後向上向前下落，右手心也

八127　　　　八128　　　　八129　　　　八130

翻轉向上，兩手同時向下劃弧分落於右膝蓋兩側，手心均向上（圖八 127、128）

②右腳向右前方落下變成右弓步，同時兩手下垂，慢慢變拳，分別從兩側向上向前劃弧至臉前成鉗形狀，拳眼都斜向後（兩拳中間距離約 10－20 公分），眼看右拳。（圖八 129、130）

要點：頭頸正直，鬆腰，兩拳鬆握，沉肩垂肘，兩臂均保持弧形。

動作含義：

①接上勢，若對方欲抱我蹬踢之右腿，我則速將右小腿收回屈膝於體前，同時兩手自上而下從兩側摟住對方頭部向我膝上撞擊。

②或雙手採對方兩臂，同時右腳上步進身，兩手變拳，經兩側向上摜擊對方太陽穴或雙耳。

15.**轉身左蹬腳：**

①重心漸漸移至左腿上，右腳尖裡扣，上體向左轉，同時兩拳變掌，由上向左右劃弧分開平舉，手心向前。眼看左手。（圖八 131、132）

八131　　　　　　八132　　　　　　八133

②重心再移至右腿上，左腳靠近右腳內側，腳尖點地。同時

兩手由外圈向裡圈劃弧合抱於胸前，左手在外，手心均向後。眼平看左方。(圖八133、134)

　③兩臂左右分開平舉，手它均向外，同時左腳提起向左前方慢慢蹬出。眼看左手 (圖135、136)

八134　　　　　八135　　　　　八136

要點：與「13 右蹬腳」相同，惟左右相反。

動作含義：與「13 右蹬腳」同，惟動作相反。

　16.**左下勢獨立：**

　①左腿收回平屈，右掌變成勾手，然後左掌向上、向右劃弧下落，立於右肩前，眼看右手 (圖八137、138)

八137　　　　　八138　　　　　八139

　②右腿慢慢屈膝下蹲，左腿向左側 (偏後) 伸出，成左僕

步，左手下落向左下經左腿內側穿出。眼看左手。（圖八 139、140）

要點：右腿全蹲時腳尖微向外撇，左腿伸直時腳尖向裡扣，腳掌全部著地，左腳尖與右腳跟在一條直線上，上體不可過於前傾。

八140

③以左腳跟為軸，腳尖向外扭直（略外撇），隨著右腿後蹬，左腿前弓，右腳尖裡扣，上體微向左轉並向前起身，同時左臂繼續向前伸出（立掌）。眼看左手。（圖八 141）

④右腿慢慢提起平屈（成獨立式），同時右勾手下落變成掌，並由後下方順右腿外側向前擺出，屈臂立於右腿上方，肘與膝相對，手心向左；左手落於左胯旁，手心向下。眼看右手。（圖八 142、143）

要點：上體正直，獨立的腿微屈，右腿提起時腳尖自然下垂。

八141　　　　八142　　　　八143

動作含義：接上勢，對方以右拳猛力向我中、上部擊來，我則以左前臂內側粘住其右前臂，向內引進並整體向下沉，使對方

前傾，同時我收左腳並向對方腿間插步，且蹬右腿進身，左掌向
對方襠部挑擊，若對方向下縮身，我即右腿屈膝撞擊對方的襠、
腹部，右手握拳上勾對方的下頦。

17.右下勢獨立：

①右腳下落於左腳前，腳尖點地，然後以左腳掌爲軸向左轉
體，左腳微向外撇。同時左手向後平舉成勾手，右掌隨著轉體向
左側劃弧，立於左肩前。眼看左手。（圖八 144、145）

八144　　　　八145　　　　八146

②同「16 左下勢獨立」②解，將左變爲右即可。（圖八 146、
147）

③同「同 16 左下勢獨立」③解，將左變爲右即可。（圖八
148）

八147　　　　　　八148

④同「16 左下勢獨立」④
解，將左變爲右即可。　（圖八
149、150）

要點：右腳尖觸地後必須稍
微提起，然後再向下僕腿，其他
均與「16 左下勢獨立」相同，
惟左右相反。

動作含義：與「16 左下勢
獨立」同，惟動作相反。

八149　　　　　八150

18.左右穿梭：

①身體微向左轉，左腳向前落地，腳尖外撇，右腳跟離地成
半坐盤式，同時兩手在左胸前成抱球狀（左上右下）。然後右腳向
左腳內側靠攏，腳尖點地。眼看左前臂。（圖八 151、152、153）

②右腳向右前方邁出成右弓步，同時右手由面前向上舉並翻
掌停在右額前，手心斜向上；左手先向左下再經體前向前推出，
高與鼻尖平，手心向前。眼看左手。（圖八 154、155、156）

③身體重心略向後移，右腳尖稍向外撇，隨即體重再移至右
腿上，左腳跟進，附於右腳內側，腳尖點地，同時兩手在右胸前

八151　　　　　八152　　　　　八153

成抱球狀（右上左下）眼看右前臂。（圖八 157、158）

八154　　　　　八155　　　　　八156

④同②解，惟左右相反。（圖八 159、160、161）

八157　　　　　八158　　　　　八159

八160　　　　　八161　　　　　八162

要點：推出後，上體不可前俯。手向上舉時，防止引肩上聳。前推時，上舉的手和前推的手的速度，要與腰腿前弓上下協調一致，做弓步時，兩腳跟的橫向距離以不少於 30 公分為宜。

動作含義：接上勢，對方若向我頭部擊來，我則以右臂上掤其手臂，同時落左步，上右步進身，以左掌擊其胸部。這是左穿梭。右穿梭與左穿梭相同，惟動作相反。

19.海底針：

右腿向前跟進半步，左腿稍向前移，腳尖點地，變成左虛步。同時身體稍向右轉，右手下落經體前向後、向上提抽起，並由右耳旁斜向前下方插出，指尖向下；與此同時，左手向前、向下劃弧落於左胯旁；手心向下。眼看前下方。（圖八 162、163）

八 163

要點：身體要先向右轉，再向左轉，上體不可太前傾，避免低頭和臀部外凸，左腿要微屈。

動作含義：接上勢，設對方以左手順步抓握我攻擊的右手手腕，我則以左手向前抓握其前臂並向身體左下方捋採，右手旋臂翻腕上提，解脫其左手的抓握，隨即右腳跟進半步，趁對方前傾之勢，以右手掌指插擊對方的左側頸部。

20.閃通臂：

上體稍右轉，左腳向前邁出成左弓步。同時右手由體前上提，掌心向上翻，右臂平屈於頭上方，拇指朝下；左手上起向前平推，高與鼻尖平，手心向前。眼看左手。（圖八 164、165、166）

要點：上體自然正直，鬆腰、鬆胯，左臂不要伸直，背部肌

肉要伸展開。推掌和弓腿動作要協調一致。

　　動作含義：接上勢，對方以左手向我頭部擊來，我右手向上托其臂，隨即左腳向前上步進身，左掌向其胸部推擊。

　　　八164　　　　　八165　　　　　八166

21.**轉身搬攔捶：**

　　①上體後坐，重心移至右腿上，左腳尖裡扣，身體向右後轉，然後重心再移至左腿上。在這同時，右手隨著轉體而向右向下（變拳）經腹前劃弧至左肘旁，拳心向下，左掌上舉於頭前方，掌心斜向上。眼看前方。（圖八167、168、附八168）

　　②向右轉體，右拳經胸前向前翻轉撇出，拳心向上，左手落於左胯旁，同時右腳收回後再向前邁出，腳尖外撇。眼看右拳。（圖八169、附八169、170）

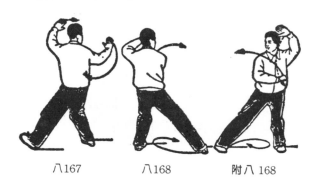

　　　八167　　　　　八168　　　　　附八168

八169 　　附八169 　　　　八170

③身體重心移至右腿上，左腳向前邁一步。左手上起經左側向前平行劃弧攔出，掌心向前下方，同時右拳收到右腰旁，拳心向上，眼看左手。（圖八171、172）

④左腿前弓變成左弓步，同時右拳向前打出，拳眼向上，高與胸平，左手附於右前臂裡側。眼看右拳。（圖八173）

要點： 右拳鬆握，前臂先慢慢內旋後收，再外旋停於右腰旁，拳心向上。向前打出時，右肩隨拳略向前引，沉肩垂肘，右臂微屈。

動作含義：

①接上勢，對方從身後用左拳向我擊來，我即右轉，以右臂

八171 　　　　八172 　　　　八173

從對方手臂外側向下回挂，隨即向上翻臂，以右拳背擊打對方臉部，同時右腳踩踢對方小腿。

②若對方後撤並以右拳向我擊來，我則以左手攔住對方右臂，同時上左步衝右拳擊打對方胸部。

22 如封似閉：

①左手由右腕下向前伸，右拳變掌，兩手心向上慢慢回收；同時身體後坐，左腳尖蹺起，重心移至右腿。眼看前方。（圖八 174、175、176）

八174　　　　八175　　　　八176

②兩手在胸前翻掌，向前推出，腕與肩平，手心向前；同時左腿前弓變左弓步。眼看前方。（圖八 177、178、179）

八177　　　　八178　　　　八179

要點：身體後坐時，避免後仰，臀部不可凸出。兩臂隨身體回收時，肩、肘部略向外鬆開，不要直著抽回。兩手寬度不要超過兩肩。

動作含義：接上勢，若對方以左手抓住我右拳，我則左手前穿抓其前臂，上體後坐，兩手一起向後牽帶且左手暗含下採，使對方前傾，我趁勢兩掌推按對方胸部，使其向後跌出。

23.十字手：

①身體重心移至右腿上，左腳尖裡扣，向右轉體。右手隨著轉體動作向右平擺劃弧，與左手成兩臂側平舉，肘部下垂，同時右腳尖隨著轉體稍向外撇，成右弓步。眼看右手。（圖八 180、181）

②身體重心慢慢移至左腿上，右腳尖裡扣，然後右腳向左收回與左腳成開立步，兩腳距離與肩同寬；同時兩手向下經腹前向上劃弧交叉於胸前，右手在外，手心均向後，成十字手。眼看前方。（圖八 182、183）

要點：兩手分開和合抱時上體勿前俯，站起後，身體自然正直，頭微上頂，下頦稍向後收。兩臂環抱時須圓滿舒適，沉肩垂肘。

八180　　　八181　　　八182

動作含義：

①接上勢，若對方以左手順步向我右肋擊來，我則向右轉身化解來勁，同時以右掌向對方胸部橫擊。

②我右掌可繼續向下抄摟對方左腿，使之摔倒。

③「十字手」也可理解為對方向我胸部衝拳（或踢腿），我可以雙手叉接之，並酌情施展拿、打、摔等技法。

24 **收勢：**

兩手向外翻掌，手心向下，慢慢下落於兩胯外側。眼看前方。（圖八 184、185、186）

八183　　　　八184　　　　八185　　　　八186

要點：兩手左右分開下落時，全身注意放鬆，同時氣徐徐向下沉（呼氣略加長）。呼吸平穩後，把左腳收到右腳旁，再走動休息。

大展出版社有限公司
品冠文化出版社

圖書目錄

地址：台北市北投區(石牌)
　　　致遠一路二段 12 巷 1 號
郵撥：01669551＜大展＞
　　　19346241＜品冠＞

電話：(02) 28236031
　　　　　 28236033
　　　　　 28233123
傳真：(02) 28272069

・熱 門 新 知・品冠編號 67

1.	圖解基因與 DNA	中原英臣主編	230 元
2.	圖解人體的神奇 （精）	米山公啟主編	230 元
3.	圖解腦與心的構造 （精）	永田和哉主編	230 元
4.	圖解科學的神奇 （精）	鳥海光弘主編	230 元
5.	圖解數學的神奇 （精）	柳 谷 晃著	250 元
6.	圖解基因操作 （精）	海老原充主編	230 元
7.	圖解後基因組 （精）	才園哲人著	230 元
8.	圖解再生醫療的構造與未來	才園哲人著	230 元
9.	圖解保護身體的免疫構造	才園哲人著	230 元
10.	90 分鐘了解尖端技術的結構	志村幸雄著	280 元
11.	人體解剖學歌訣	張元生主編	200 元
12.	醫院臨床中西用藥	杜光主編	550 元
13.	現代醫師實用手冊	周有利主編	400 元
14.	骨科手術進路歌訣	張元生主編	220 元

・智 力 運 動・品冠編號 691

1.	怎樣下國際跳棋	楊永編著	220 元
2.	國際跳棋攻殺練習	楊永編著	250 元
3.	圍棋知識	程曉流編著	180 元

・圍 棋 輕 鬆 學・品冠編號 68

1.	圍棋六日通	李曉佳編著	160 元
3.	定石的運用	吳玉林等編著	280 元
4.	死活的要點	吳玉林等編著	250 元
5.	中盤的妙手	吳玉林等編著	300 元
6.	收官的技巧	吳玉林等編著	250 元
7.	中國名手名局賞析	沙舟編著	300 元
8.	日韓名手名局賞析	沙舟編著	330 元
9.	圍棋石室藏機	劉乾勝等著	250 元
10.	圍棋不傳之道	劉乾勝等著	250 元
11.	圍棋出藍秘譜	劉乾勝等著	250 元

2

3. 神奇拔罐療法　　　　　　　安在峰著　200 元
4. 神奇艾灸療法　　　　　　　安在峰著　200 元
5. 神奇貼敷療法　　　　　　　安在峰著　200 元
6. 神奇薰洗療法　　　　　　　安在峰著　200 元
7. 神奇耳穴療法　　　　　　　安在峰著　200 元
8. 神奇指針療法　　　　　　　安在峰著　200 元
9. 神奇藥酒療法　　　　　　　安在峰著　200 元
10. 神奇藥茶療法　　　　　　　安在峰著　200 元
11. 神奇推拿療法　　　　　　　張貴荷著　200 元
12. 神奇止痛療法　　　　　　　漆　浩著　200 元
13. 神奇天然藥食物療法　　　　李琳編著　200 元
14. 神奇新穴療法　　　　　　吳德華編著　200 元
15. 神奇小針刀療法　　　　　　韋丹主編　200 元
16. 神奇刮痧療法　　　　　　童佼寅主編　200 元
17. 神奇氣功療法　　　　　　　陳坤編著　200 元

・常見病藥膳調養叢書・品冠編號 631

1. 脂肪肝四季飲食　　　　　　蕭守貴著　200 元
2. 高血壓四季飲食　　　　　　秦玖剛著　200 元
3. 慢性腎炎四季飲食　　　　　魏從強著　200 元
4. 高脂血症四季飲食　　　　　　薛輝著　200 元
5. 慢性胃炎四季飲食　　　　　馬秉祥著　200 元
6. 糖尿病四季飲食　　　　　　王耀獻著　200 元
7. 癌症四季飲食　　　　　　　　李忠著　200 元
8. 痛風四季飲食　　　　　　　魯焰主編　200 元
9. 肝炎四季飲食　　　　　　　王虹等著　200 元
10. 肥胖症四季飲食　　　　　　李偉等著　200 元
11. 膽囊炎、膽石症四季飲食　　謝春娥著　200 元

・彩色圖解保健・品冠編號 64

1. 瘦身　　　　　　　　　　主婦之友社　300 元
2. 腰痛　　　　　　　　　　主婦之友社　300 元
3. 肩膀痠痛　　　　　　　　主婦之友社　300 元
4. 腰、膝、腳的疼痛　　　　主婦之友社　300 元
5. 壓力、精神疲勞　　　　　主婦之友社　300 元
6. 眼睛疲勞、視力減退　　　主婦之友社　300 元

・壽世養生・品冠編號 640

1. 催眠與催眠療法　　　　　　　余萍客　350 元
2. 實驗長命法　　　　　　　胡嘉英等著　200 元

・休閒保健叢書・品冠編號 641

1. 瘦身保健按摩術　　　　　　　　聞慶漢主編　200 元
2. 顏面美容保健按摩術　　　　　　聞慶漢主編　200 元
3. 足部保健按摩術　　　　　　　　聞慶漢主編　200 元
4. 養生保健按摩術　　　　　　　　聞慶漢主編　280 元
5. 頭部穴道保健術　　　　　　　　柯富陽主編　180 元
6. 健身醫療運動處方　　　　　　　鄭寶田主編　230 元
7. 實用美容美體點穴術＋VCD　　　李芬莉主編　350 元
8. 中外保健按摩技法全集＋VCD　　　任全主編　550 元
9. 中醫三補養生　　　　　　　　　　劉健主編　300 元
10. 運動創傷康復診療　　　　　　　任玉衡主編　550 元
11. 養生抗衰老指南　　　　　　　　馬永興主編　350 元
12. 創傷骨折救護與康復　　　　　　鍾杏梅主編　220 元
13. 百病全息按摩療法＋VCD　　　　王富春主編　500 元
14. 拔罐排毒一身輕＋VCD　　　　　　許麗編著　330 元
15. 圖解針灸美容＋VCD　　　　　　王富春主編　350 元
16. 圖解針灸減肥＋VCD　　　　　　王富春主編　350 元
17. 圖解推拿防治百病 (附 VCD)　　　呂明主編　350 元
18. 辨舌診病速成　　　　　　　　　周幸來主編　330 元
19. 望甲診病速成　　　　　　　　　周幸來主編　300 元
20. 現代女性養生　　　　　　　　　　劉青主編　250 元

・名醫與您・品冠編號 650

1. 高血壓、高血脂　　　　　　　　項志敏編著　220 元
2. 糖尿病　　　　　　　　　　　　　杭建梅　220 元
3. 心臟病　　　　　　　　　　　　于全俊編著　220 元
4. 腎臟病　　　　　　　　　　　　趙硯池編著　220 元
5. 肝病　　　　　　　　　　　　　　金瑞編著　220 元

・健康新視野・品冠編號 651

1. 怎樣讓孩子遠離意外傷害　　　　高溥超等主編　230 元
2. 使孩子聰明的鹼性食品　　　　　高溥超等主編　230 元
3. 食物中的降糖藥　　　　　　　　高溥超等主編　230 元
4. 開車族健康要訣　　　　　　　　高溥超等主編　230 元
5. 國外流行瘦身法　　　　　　　　高溥超等主編　230 元

・生 活 廣 場・品冠編號 61

1. 366 天誕生星　　　　　　　　　　李芳黛譯　280 元
2. 366 天誕生花與誕生石　　　　　　李芳黛譯　280 元
3. 科學命相　　　　　　　　　　　淺野八郎著　220 元

‧彩色圖解太極武術‧ 大展編號 102

13. 吳式太極拳 45 式＋VCD	宗維潔編著	350 元
14. 精簡陳式太極拳 8 式、16 式	黃康輝編著	220 元
15. 精簡吳式太極拳＜36 式拳架・推手＞	柳恩久主編	220 元
16. 夕陽美功夫扇	李德印著	220 元
17. 綜合 48 式太極拳＋VCD	竺玉明編著	350 元
18. 32 式太極拳（四段）	宗維潔演示	220 元
19. 楊氏 37 式太極拳＋VCD	趙幼斌著	350 元
20. 楊氏 51 式太極劍＋VCD	趙幼斌著	350 元
21. 嫡傳楊家太極拳精練 28 式	傅聲遠著	220 元
22. 嫡傳楊家太極劍 51 式	傅聲遠著	220 元
23. 嫡傳楊家太極刀 13 式	傅聲遠著	220 元

・國際武術競賽套路・大展編號 103

1. 長拳	李巧玲執筆	220 元
2. 劍術	程慧琨執筆	220 元
3. 刀術	劉同為執筆	220 元
4. 槍術	張躍寧執筆	220 元
5. 棍術	殷玉柱執筆	220 元

・簡化太極拳・大展編號 104

1. 陳式太極拳十三式	陳正雷編著	200 元
2. 楊式太極拳十三式	楊振鐸編著	200 元
3. 吳式太極拳十三式	李秉慈編著	200 元
4. 武式太極拳十三式	喬松茂編著	200 元
5. 孫式太極拳十三式	孫劍雲編著	200 元
6. 趙堡太極拳十三式	王海洲編著	200 元

・導引養生功・大展編號 105

1. 疏筋壯骨功＋VCD	張廣德著	350 元
2. 導引保建功＋VCD	張廣德著	350 元
3. 頤身九段錦＋VCD	張廣德著	350 元
4. 九九還童功＋VCD	張廣德著	350 元
5. 舒心平血功＋VCD	張廣德著	350 元
6. 益氣養肺功＋VCD	張廣德著	350 元
7. 養生太極扇＋VCD	張廣德著	350 元
8. 養生太極棒＋VCD	張廣德著	350 元
9. 導引養生形體詩韻＋VCD	張廣德著	350 元
10. 四十九式經絡動功＋VCD	張廣德著	350 元